里耶秦简博物馆 编

里耶秦简博物館館藏文物選萃

学苑出版社

图书在版编目（CIP）数据

里耶秦简博物馆馆藏文物选萃 / 里耶秦简博物馆编. —北京：学苑出版社，2020.10
 ISBN 978-7-5077-6054-5

Ⅰ.①里… Ⅱ.①里… Ⅲ.①简（考古）—汇编—龙山县—秦代 Ⅳ.① K877.5

中国版本图书馆 CIP 数据核字（2020）第 201139 号

责任编辑： 周　鼎
出版发行： 学苑出版社
社　　址： 北京市丰台区南方庄 2 号院 1 号楼
邮政编码： 100079
网　　址： www.book001.com
电子信箱： xueyuanpress@163.com
联系电话： 010-67601101（营销部）、010-67603091（总编室）
印 刷 厂： 河北赛文印刷有限公司
开本尺寸： 787×1092　1/8
印　　张： 24
字　　数： 600 千字
版　　次： 2020 年 10 月第 1 版
印　　次： 2020 年 10 月第 1 次印刷
定　　价： 1200.00 元

编委会

总 策 划：刘冬生　时荣芬
策　　划：蔡　龙
顾　　问：潘守永　张春龙　龙京沙

主　　任：田大治　魏福生

主　　编：周东征　洪文雄　彭成刚
副 主 编：彭昌辉　向邦平
编　　委：（按照姓氏笔画排列）
　　　　　白　涛　朱家司　许书耀　张为洲
　　　　　周金标　洪文斌　唐广平

书名题字：黄长龙

序 言

秦朝的心在这里

2002年春夏之交，沉睡2000多年的里耶战国—秦代古城一觉醒来，醒来的古城震惊世界。张忠培先生说："里耶古城始建于战国晚期，沿用至秦汉时期""但在全国来说，这是头一次发现了一个秦代古城，它是研究秦史的最关键的资料"。

春秋战国时期，酉水流域乃至武陵山区是楚秦等国开发征战的前沿，更是多民族杂居之地。作为华夏南方最大的诸侯国，楚国在开疆拓土中占领酉水流域，里耶古城应是楚国修筑的系列军事城堡之一。战国末期，秦人手持寒光闪烁的青铜宝剑从乌江上岸，经过一段短暂的陆路后，进入八面山下酉水河畔的楚城里耶（迁陵），楚城里耶（迁陵）于是变为秦城里耶（迁陵）。里耶古城邻酉水而建，占地面积4万多平方米，四周有夯土城墙、护城河、房屋建筑、排水设施和多座古井的遗址。

里耶古城出土3.7万枚秦简，里耶秦简记载前222年至前208年湘西地区酉水流域的政治、经济、社会、文化诸方面的事实，里耶秦简是以往世存秦简总数的十倍。据里耶秦简记载：当时方圆数百里地域制造的衣服、铠甲、箭、弩等物资聚集于里耶（迁陵），并由此运往"洞庭郡"及其他地方。由于古代湘西交通以酉水沅水为主干，而酉水边的里耶（迁陵）古城得天独厚，故而秦朝时的里耶（迁陵），成为湘西一带政治、经济、文化中心。

正如学界有关秦文化的一致看法，"北有西安兵马俑，南有里耶秦简牍"，倘若昔日的秦朝是一位巨人，那么似乎可以这样断论："秦朝的脸在西安，秦朝的心在里耶"。习近平总书记指出："让历史说话，让文物说话"。《里耶秦简博物馆馆藏文物选萃》选辑里耶秦简博物馆部分藏品结集出版，阅览《里耶秦简博物馆馆藏文物选萃》可以发现：这本书里有秦朝的心声，这本书里有今天的思考，这本书里有明天的希望。

上海大学特聘教授、图书馆馆长
里耶古城（秦简）博物馆名誉馆长

目录

第一章 绪论 … 一

第二章 简牍文物 … 七

第三章 青铜器文物 … 一三五

第四章 民族文物 … 一六一

第五章 其他文物 … 一七五

第一章 绪论

龙山县位于湖南省西陲，武陵山脉西侧，地连湘鄂渝三省市，东连桑植、永顺两县，南与保靖县交界，西与湖北省来凤县和重庆市酉阳、秀山县接壤，北与湖北省宣恩县毗邻。里耶镇位于龙山县最南端，处在酉水中游山间河谷盆地中，地处武陵山脉的腹心地带，北距龙山县城（民安镇）108公里，东距湘西土家族苗族自治州首府吉首98公里。

里耶镇在历史上为湘西四大商业古镇之一，大约在清雍正年间改土归流以后，随着与外界物资流通的空前发展，里耶开始建设街道、码头，里耶的贸易墟场走向繁荣。作为酉水河畔的水运码头，船队逆水可通鄂西百福司，经石堤可至秀山县城和酉阳龙潭古镇及乌江沿河土家族自治县，顺水可下沅陵，继而达常德洞庭，通武汉和沿海城市。

湘西地区山大物丰，在古时交通极为闭塞情况下，里耶得酉水之便，成为湘鄂川黔边境的商品集散地。近代以来，农产品以稻谷为主，粟、玉米、薯类、豆类、烤烟、茶叶、柑橘、甘蔗等次之，林产品有木材、油桐、油茶、土漆等，行业有伐木放排、造船、水运、大小木作、油漆、纺织、竹编、烧造砖瓦等。旧时酉水两岸都称为里耶，今清水坪镇叫前街，里耶镇称后街，镇上还有万寿宫、关帝宫、甘霖寺等建筑。西北巍峨的八面山是湘渝两省市的界地，酉水在八面山南端东折，由西往东蜿蜒流经里耶盆地。八面山东南端山脚下，是一片较平阔的河谷台地，地势西高东低，挨着河流两岸的台地上，分布着密集的聚落、农田、市镇，也分布着商周以来各历史时期的文化遗址、城址和相应的墓葬群。

旧石器遗址点在酉水两岸有广泛分布，20世纪80年代末至90年代中叶，湘西土家族苗族自治州文物考古人员在酉水两岸的清水坪、大板一级阶地发现旧石器，2003年又在清水坪官山堡二、三级阶地发现大量打制石器并发掘。由此断定，在更新世晚期距今20万年之前已有人类在此区域活动繁衍。新石器时代遗址的文化现象目前发现主要来自峡江地区的大溪文化和长江中游地区的龙山文化。商周时期的遗址在这一地区分布较为密集，反映出的文化现象既有典型的中原商文化，又有三星堆文化，但地方土著文化仍占主导地位。

战国时期，武陵山区纳入楚国版图。里耶古城及沅水、酉水流域的其他一些楚城，都是在这一背景下建立的，里耶此时一度成为楚抵御巴蜀等各国的前哨。秦统一中国，推行郡县制，里耶便成了当时秦洞庭郡治下的迁陵县城的所在地。

1997年夏，为配合碗米坡水电站建设，湖南省文物考古研究所会同湘西土家族苗族自治州文物部门，对该水利工程淹没区进行考古调查，再次确定了里耶古城遗址及相关古墓地的分布情况。

2002年4月，为配合碗米坡水电站建设，湖南省文物考古研究所会同州、县文物部门，并组织全省各地业务人员进驻里耶，对水电站淹没区所涉及的古遗址、古墓葬进行大规模的抢救性考古发掘，出土一批珍贵文物。

里耶古城遗址的发掘及秦简牍的出土是21世纪我国第一个震惊世人的重大考古发现，党中央和国务院对此高度重视，时任总理朱镕基和副总理李岚清对里耶古城遗址及出土秦简非常关注，并对有效保护、深入研究和利用工作作出重要批示。湖南省委、省政府的领导率领省直相关部门主要负责人先后到里耶古城考古发掘现场进行现场办公，研究解决里耶古城遗址的保护问题。时任国家文物局局长张文彬、副局长单霁翔、张柏均在最短时间内亲临里耶考古工地考察布置里耶古城遗址及里耶秦简的保护工作，国务院及时公布了里耶古城遗址为全国重点文物保护单位。这是我国第一次特批公布的单个全国重点文物保护单位，成为我国在特殊情况下及时公布保护重要文化遗产的先例。

里耶秦简一次性发现数量超过37000枚，远远超过以往国内所出秦简的总和十倍之多。这批埋藏了2200多年的秦代简牍，纪年从秦王政二十五年至秦二世元年，记事详细到月、日。其内容十分丰富，涉及政治、军事、民族、经济、法律、文化、职官、行政设置、邮传、地理等诸多领域，极大地丰富了人们对统一中国历史上起着承前启后作用的秦王朝及其有关制度的了解和认识，对秦史研究具有不可估量的意义。

里耶秦简出土的武陵山区西南边陲不仅是战国时期楚秦等国相继开发、对峙、征战的前沿地区，更是历史上多民族生息、繁衍、杂处之地。简牍的发现不仅有助于填补该地区历史记载缺佚的空白，了解和认识该地区一些重大历史事件，更有助于区域性考古学文化和民族文化发展序列与谱系的研究，使该地区在中国历史和民族发展史中的重要性得以显示。

里耶秦简自2002年惊世大发现后，为世界所瞩目。如何让里耶秦简所承载的历史文化内涵得到阐释和解读，如何充分发挥秦简文化资源对促进地方经济社会和谐发展的积极作用……里耶秦简的保护、展示、研究牵动着社会各界人士的心。为了进一步做好相关保护、研究、展示和利用工作，充分发掘里耶秦简和里耶古城的文化价值和内在潜力，服务于当地的社会经济发展，在里耶建立博物馆，势在必行。

2004年5月，受时任中共湖南省委书记杨正午和中共龙山县委、县政府委托，九三学社中央宣传部副部长彭官章向全国人大常委会副委员长、九三学社中央主席韩启德作了汇报。韩启德副委员长十分重视，作出重要批示并转国务委员陈至立。同年6月3日陈至立批示要求国家文物局"大力支持，尽快解决有关问题"，并将批件印送国家发改委。在韩启德和陈至立等领导的关心下，《里耶古城遗址文物保护规划》和《里耶古城遗址本体保护工程总体设计方案》及里耶古城（秦简）博物馆建设工程的各项工作得以顺利进行。

2010年10月28日，里耶古城（秦简）博物馆建成对外开放。时任湖南省委书记周强与时任国家文物局局长单霁翔出席开馆仪式，并为里耶古城（秦简）博物馆开馆揭幕。单霁翔当天在讲话中说道："我看过全国大多数的博物馆，里耶秦简博物馆排在全国第五大博物馆的位置，一点不为过！8年前，考古工作者让深埋在古井中的3.7万余枚简牍重见天日，复活了尘封已久的历史，这是继兵马俑之后秦代考古的又一惊世发现。要进一步做好相关保护、研究、展示和利用工作，将其打造成为秦简收藏、保护、保管中心，学科研究管理中心、宣传展示中心和科普教育、爱国主义教育基地，成为让人流连忘返的文化圣地，享受知识的精神家园。"

里耶古城（秦简）博物馆是集保管研究和陈列秦简牍、青铜器、陶器等珍贵文物，以及展示里耶地区历史和民俗文化的博物馆。所藏的文物以竹木简牍与青铜器、陶器为主，来源方式主要以当地考古发掘出土为主，兼有部分社会征集。目前馆藏品的总数量为8055件(套)，种类包括竹木漆器、铜器、铁器、陶器、石器、玉器、瓷器等。

藏品中，里耶秦简蕴含了巨大的学术价值，文字记载生动地复活了秦王朝的历史，其价值可以和殷墟甲骨、敦煌文书相媲美，是进入21世纪以来我国最重大的考古发现。在展出的秦简中，有三枚堪称博物馆的镇馆之宝：第一枚是记录着"迁陵洞庭郡"字样的木简；第二枚是迄今发现最早、最完整的"九九乘法口诀表"实物；第三枚是记录着"迁陵以邮行洞庭"字样的木简。其他珍贵文物还有战国楚式青铜剑、秦代里程简和秦代官员履历简等。为了全面展示博物馆所藏文物情况，我们特选各类馆藏珍贵文物158件，分为秦简牍、青铜器、民族文物和其他等部分荟萃成册以飨读者。

秦王朝是汉字发展历史上非常重要的时期，此期间汉字经历了一个巨大的变革，秦始皇在完成对东方六国武力征服，结束封建诸侯割据称雄时代，开创了中央集权的专制主义统一国家，为加强统治管理，统一文字。

里耶战国秦汉古城一号井中发掘出37000多枚秦朝简牍，由简牍内容可知现在的里耶镇是秦朝的迁陵县署所在地。简牍绝大多数是木质，是秦朝洞庭郡所辖的迁陵县政府档案，字数超过二十万，很多是前所未闻的珍贵史料。长度多为23厘米，合秦制的一尺。

牍占相当数量，宽达 4 厘米～5 厘米，简宽 1 厘米或稍宽。均为毛笔墨书。

完成这些简牍书写的是迁陵县衙署各职曹基层小吏，从整理出来的简牍文字记录来看，简牍上书手有十六七人，"堪手""敬手""欣手"，即是他们为考绩而留下的签名，不期然他们成为我国历史上第一批留下名字的民间书法家。简牍字迹或圆熟平和，或规整方正，或笔力沈劲，锋芒稍露，或稚拙凝重，更有百数十枚习字简，记下了这批书家群体握笔之始的匆忙。

一般认为秦王朝以秦文字为基础的小篆统一汉字，中国由此开始了书同文的时代，此后汉字的变化是字型的变化：篆书—隶书—楷书。以前我们能够见到的秦代小篆真迹是始皇和二世巡游留下的泰山等处的刻石和铜器铭文。里耶简牍中除十几枚楬（标签）以小篆书写，更多文字都是秦时古隶。文献记载认为隶书是程邈所作。专家们对秦国青铜器铭文的研究证明，隶书的萌芽在秦始皇以前很长时间就已经出现，到秦始皇时期使用较普遍，程邈应当是对流行的隶书字体加以总结规范，因其书写便捷，可适应秦朝浩繁的行政事务记录，秦始皇以行政权力推广到全国各地。里耶简牍的面世，再次证明秦统一文字是以隶书为实用文字。

有别于云梦秦简单行书写，里耶简牍为书手们提供了宽裕的用笔空间，如第九层一至十二号木牍，一牍五六行，行二十至三十字，墨迹犹新，工整严谨中不失活泼流畅，或缓急得宜，或轻松灵动。虽不是后世严格意义上的文人书法，书手们也未必有将工作记录的档案文书当作书法名迹藏之名山，传之后世的意图，然里耶秦简牍确为今天提供了真切的秦代书法艺术见证。

在本书简牍文物的编选过程中，我们在关注其主要内容的同时，选择其文字书写具有一定书法艺术参考者，并按照简牍发掘层面和整理时的简牍编号排列。青铜器、民族文物和石器、陶器、瓷器等其他文物，也力求按照文物的时代先后排列，以体现里耶乃至整个酉水流域武陵山区的物质文化特征的历史脉络。

开馆 10 年来，作为一个展示里耶秦简的文化圣地，里耶古城（秦简）博物馆接待了四海八方来宾，他们中不乏新闻媒体、海外友人，有的更是艺术大师、专家学者，还有的是省州县乃至国家领导人。2011 年 6 月 1 日，时任全国政协主席贾庆林考察了里耶古城（秦简）博物馆，他说："这个博物馆非常值得一看，一定要将古老的秦文化有效地宣传出去，让中国文明代代相传。"

传承中国文明、弘扬传统文化正是里耶古城（秦简）博物馆的责任与使命。

第二章　简牍文物

秦欣敢多问吕柏得毋病简（牍）

释文 背

如柏令寄芍敢谒之

释文 正

欣敢多问吕柏得毋病柏幸赐欣一牍欣辟席再捧及捧者柏求笔及黑今敬进

简牍编号：7-4

年　　代：秦（公元前221年—公元前206年）

尺　　寸：长23.3厘米，宽1.9厘米，厚0.2厘米

释文 背

令拔丞昌守丞膻之仓武令史上=逐⌐除仓佐尚司空长史舒当坐

释文 正

廿八年迁陵隶臣妾及黔首居赀赎责作官府课·秦凡百八十九人死亡·衔（率）之六人六十三分人五而死亡一人

已计廿七年余隶臣妾百一十六人

廿八年新·入卅五人

·凡百五十一人其廿八死亡·黔道居赀赎责作官卅八人其一人死

秦廿八年迁陵隶臣妾及黔首简（牍）

简牍编号：7-304

年　　代：秦（公元前221年—公元前206年）

尺　　寸：长46厘米，宽2.8厘米，厚0.3厘米

释文 正

或遝廿六年三月甲午迁陵司空（得）尉乘☐☐
辛真簿☑
廿七年八月甲戌朔壬辰酉阳具狱：[狱]史启敢☐☐
启治所狱留须敢言之·封迁陵留

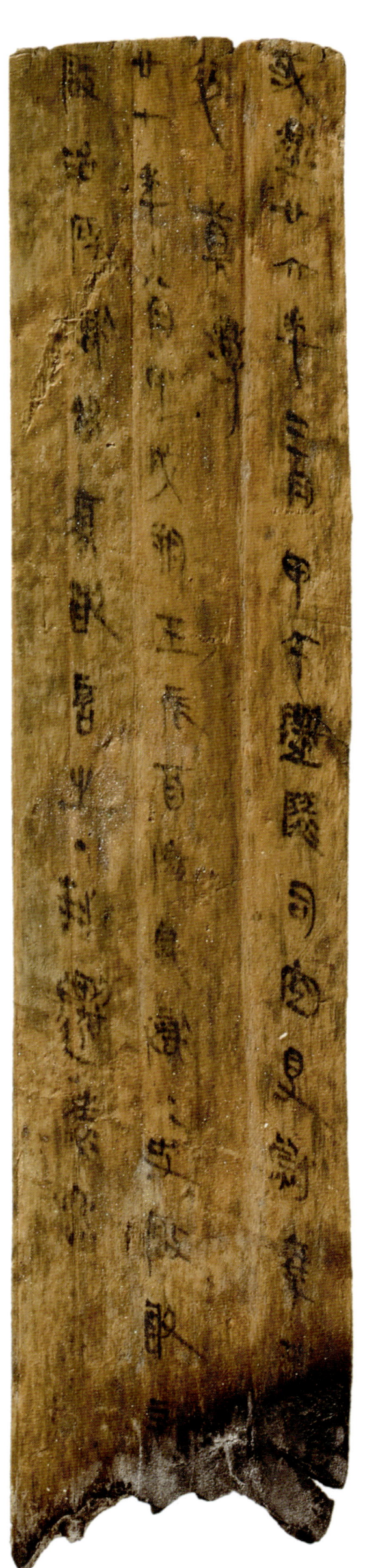

秦启治所狱留须敢言之简（牍）

简牍编号：8-133

年　　代：秦（公元前221年—公元前206年）

尺　　寸：长16.4厘米，宽3.6厘米，厚0.3厘米

释文 背

八月癸巳迁陵守丞陞告司空主听书从事
起行司空☐
八月癸巳水下四刻走贤以来／行手☐

释文 正

廿六年八月庚戌朔丙午司空守樛敢言前日言竞陵汉阴狼假迁陵公船一衷三丈三尺名曰椯
以求故荆积瓦未归船狼属司马昌官谒告昌官令狼归船∟报曰狼有逮在复狱巴卒史
衷∟义所∟今写校券一牒上谒言巴卒史衷∟义所问狼船存所其亡之为责券移迁陵弗亡谁属
谒报敢言之／六月庚辰迁陵守丞敦狐却之司空自以二月狼船何故弗蚤辟到今而
补日谒问复狱卒史衷＝义＝事已不智所居其听书从事／應手即令走□行司空

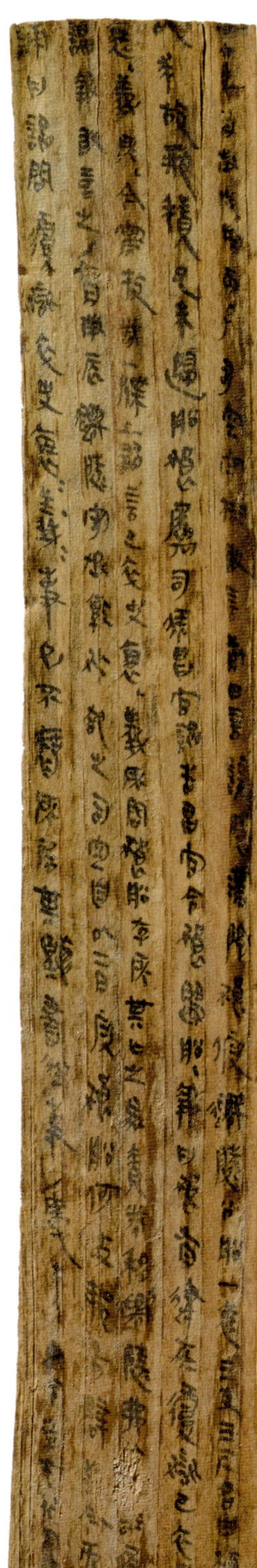

秦廿六年八月庚戌朔丙午司空守简（牍）

简牍编号：8-134

年　　代：秦（公元前221年—公元前206年）

尺　　寸：长23厘米，宽3.6厘米，厚0.3厘米

释文 背

十月戊寅走己巳以来／应手

释文

迁陵已计：卅四年余见弩臂百六十九
·凡百六十九
出弩臂四输益阳
出弩臂三输临沅
·凡出七
今八月见弩臂百六十二

秦迁陵已计卅四年余见简（牍）

简牍编号：8-147

年　　代：秦（公元前221年—公元前206年）

尺　　寸：长14.2厘米，宽3.2厘米，厚0.2厘米

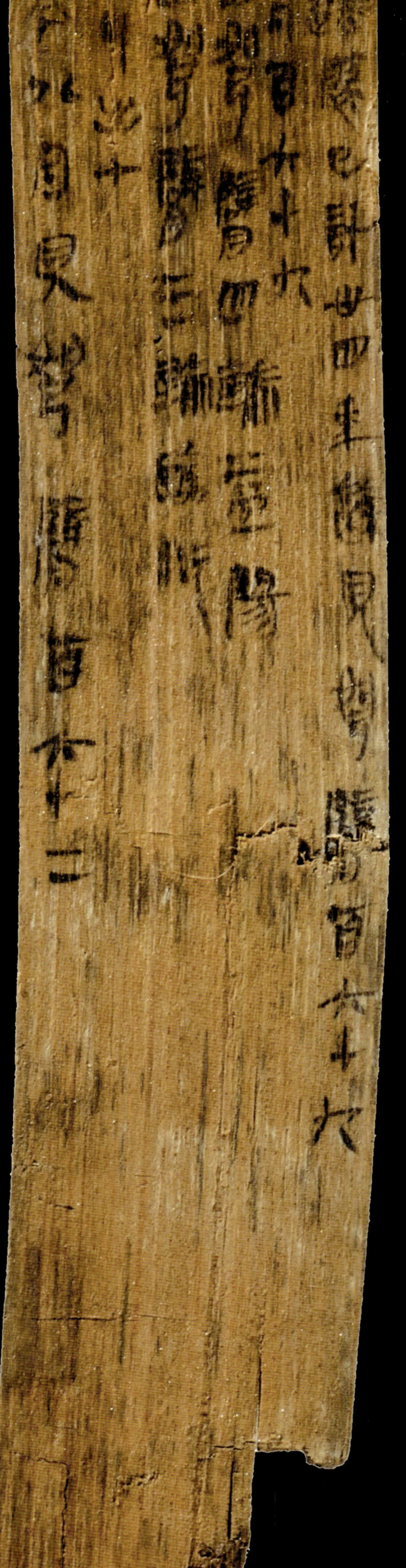

释文　正

卅二年四月丙午朔甲寅少内守是敢言之廷下御史书举事可为恒程者洞庭上帬直书到言今书已到敢言之

秦卅二年四月丙午朔甲寅少内守是敢言之简（牍）

简牍编号：8-152

年　　代：秦（公元前221年—公元前206年）

尺　　寸：长23.2厘米，宽2.5厘米，厚0.4厘米

释文 背

四月甲寅日中佐处以来　欣发　处手

秦卅三年二月壬寅朔=日迁陵守丞都敢言之简（牍）

释文　正

卅三年二月壬寅朔=日迁陵守丞都敢言之今日恒以
朔日上所买徒隶数·问之毋当令者敢言
之

简牍编号：8-154
年　　代：秦（公元前221年—公元前206年）
尺　　寸：长23.2厘米，宽2.9厘米，厚0.3厘米

释文 背

二月壬寅水十一刻=下二邮人得行　囷手

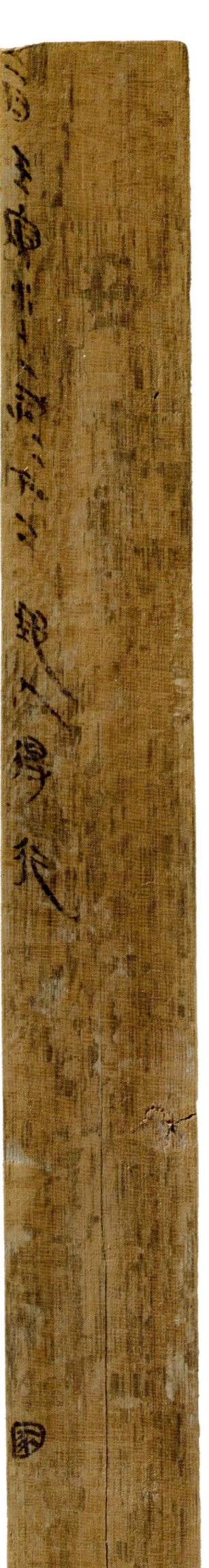

释文

四月丙午朔癸丑迁陵守丞色下少内谨案致之书到言署金布发它如
律令／欣手／四月癸丑水十一刻＝下五守府快行少内

秦四月丙午朔癸丑迁陵守丞简（牍）

简牍编号：8-156

年　　代：秦（公元前221年—公元前206年）

尺　　寸：长22.8厘米，宽1.9厘米，厚0.3厘米

释文　正

卅二年正月戊寅朔甲午启陵乡夫敢言之成里典启陵
邮人缺除士五成里匄」成゠为典匄为邮人谒令
尉以从事敢言之

秦卅二年正月戊寅朔甲午启陵乡夫敢言之简（牍）

简牍编号：8-157

年　　代：秦（公元前221年—公元前206年）

尺　　寸：长23.4厘米，宽2.4厘米，厚0.3厘米

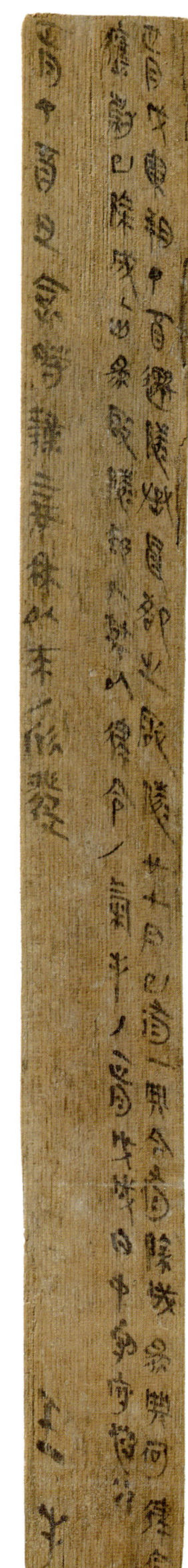

释文 背

正月戊寅朔丁酉迁陵丞昌却之启陵=廿七户已有一典令有（又）除成为典何律令
应尉已除成└匀为启陵邮人其以律令／气手／正月戊戌日中守府快行
正月丁酉旦食时隶妾冉以来／欣发　　壬手

释文

资中令史阳里钿伐阅

十一年九月隃为史　　钱计　户计

为乡史九岁一日　　年卅六

为田部史四岁三月十一日　　可直司空曹

为令史二月

秦资中令史阳里钿伐阅简（牍）

简牍编号：8-266

年　　代：秦（公元前 221 年—公元前 206 年）

尺　　寸：长 23.3 厘米，宽 3.1 厘米，厚 0.3 厘米

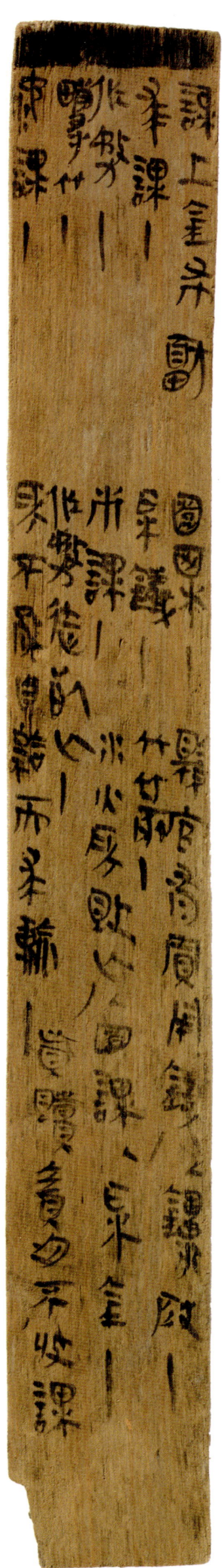

释文

课上金布副

- 课上金布副
- 秦课―――― 园粟―――― 县官有买用钱」／铸叚
- 采铁―――― 竹箭――――
- 作务―――― 市课―――― 水火所败亡」／园课」采金――――
- 畴竹―――― 作务徒死亡――――
- 池课―――― 貲赎责毋不收课
- 所不能自给而求输

秦课上金布副简（牍）

简牍编号：8-456

年　　代：秦（公元前221年—公元前206年）

尺　　寸：长22.5厘米，宽3.1厘米，厚0.3厘米

释文

尉课志　　卒田课
卒死亡课
司寇田课
·凡三课

秦尉课志卒田课简（牍）

简牍编号：8-483
年　　代：秦（公元前221年—公元前206年）
尺　　寸：长23厘米，宽2.6厘米，厚0.2厘米

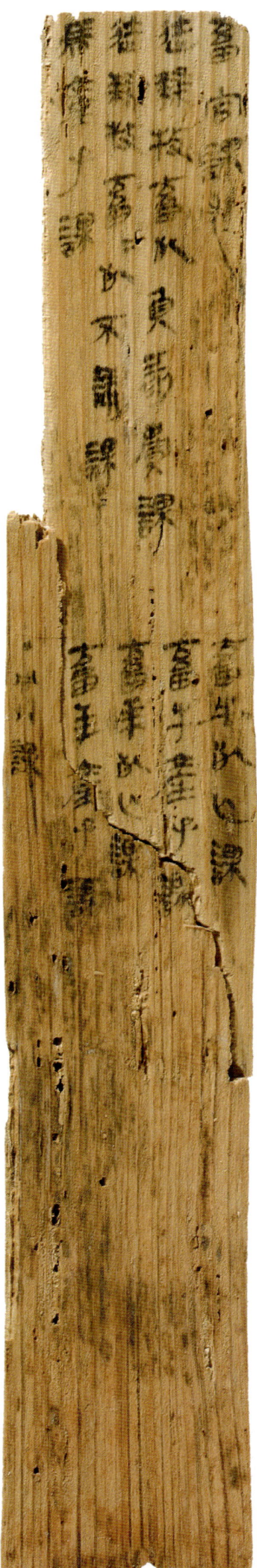

释文

畜官课志

畜牛死亡课☐

徒隶牧畜死负剥卖课　畜牛产子课☐

徒隶牧畜　死不请课　畜羊死亡课☐

马产子课　畜羊产课

·凡八课

秦畜官课志简（牍）

简牍编号：8-493-503

年　　代：秦（公元前221年—公元前206年）

尺　　寸：长22.8厘米，宽3.6厘米，厚0.2厘米

释文

卅四年启陵乡见户当出户赋者志☐

见户廿八户当出茧十斤八两☐

秦卅四年启陵乡见户当出户赋者志简（牍）

简牍编号：8-517

年　　代：秦（公元前221年—公元前206年）

尺　　寸：长15.5厘米，宽1.6厘米，厚0.3厘米

释文

卅二年迁陵积户五万五千五卅四

秦卅二年迁陵积户五万五千五卅四简（牍）

简牍编号：8-553

年　　代：秦（公元前221年—公元前206年）

尺　　寸：长22.8厘米，宽0.9厘米，厚0.2厘米

释文 正

☑朔己未贰春乡兹
☑☑为南里典犀谒
☑☑下书尉＝传都☑

释文 背

☑
☑贰春乡治☑

秦朔己未贰春乡兹简（牍）

简牍编号：8-633

年　　代：秦（公元前221年—公元前206年）

尺　　寸：长9厘米，宽2.1厘米，厚0.4厘米

释文 背

九月辛亥旦史邛以来／感手　邛手

释文 正

廿九年九月壬辰朔辛亥贰春乡守根敢言之牒书水
火败亡课一牒上敢言之

秦廿九年九月牒上敢言之简（牍）

简牍编号：8-646

年　　代：秦（公元前221年—公元前206年）

尺　　寸：长23厘米，宽2.5厘米，厚0.3厘米

释文 背

／章手

释文 正

卅一年七月辛亥朔甲子司空守□敢言之今以初为县卒
厮死及传槽书案致毋应此人名者上真书═癸亥
到甲子起留一日案致问治而留敢言之

秦卅一年七月辛亥朔甲子司空守简（牍）

简牍编号：8-649

年　　代：秦（公元前221年—公元前206年）

尺　　寸：长23.3厘米，宽2.8厘米，厚0.3厘米

释文 正

☐八年三月庚子朔丙寅廄守信成敢言之前日言启阳丞欧叚启阳传车
☐乘及具徒洞庭未智署县与校券一牒☐☐☐上谒言洞庭

释文 背

祛手

秦☐八年三月庚子朔丙寅廄守信成敢言之简（牍）

简牍编号：8-678

年　　代：秦（公元前221年—公元前206年）

尺　　寸：长23.2厘米，宽1.2厘米，厚0.4厘米

释文 背

七月丙寅水下五刻邮人敞以来／敬手　贝手

释文 正

廿八年七月戊戌朔辛酉启陵乡赵敢言之令曰二月壹上人臣治者名·问之毋当令者敢言之

秦廿八年七月戊戌朔辛酉启陵乡赵敢言之简（牍）

简牍编号：8-768

年　　代：秦（公元前221年—公元前206年）

尺　　寸：长23.5厘米，宽2.8厘米，厚0.3厘米

释文

故邯郸韩审里大男子吴骚为人黄皙色隋面长七尺三寸☐
年至今可六十三 ⌐ 四岁行到端毋它疵瑕不智衣服死产在所☐

秦故邯郸韩审里大男子吴骚为人黄皙色简（牍）

简牍编号：8-891

年　　代：秦（公元前221年—公元前206年）

尺　　寸：长18.2厘米，宽1.1厘米，厚0.4厘米

释文

☐廿六年六月丙辰迁陵拔爰书即讯☐╱

为求得嫠其产咎安成不更李疆☐╱

秦☐廿六年六月丙辰迁陵简（牍）

简牍编号：8-918

年　　代：秦（公元前221年—公元前206年）

尺　　寸：长13.5厘米，宽1.8厘米，厚0.3厘米

释文

︱吏凡百四人缺卅五人・今见五十人☒

秦吏凡百四人缺卅五人・今见五十人简（牍）

简牍编号：8-1141

年　　代：秦（公元前221年—公元前206年）

尺　　寸：长11.7厘米，宽1厘米，厚0.3厘米

释文 正

廿七年三月丙午朔己酉库后敢言之兵当输内史在贰春☐☒
五石一钧七斤度用船六丈以上者四楼 谒令司空遣吏船徒取敢言
之☐

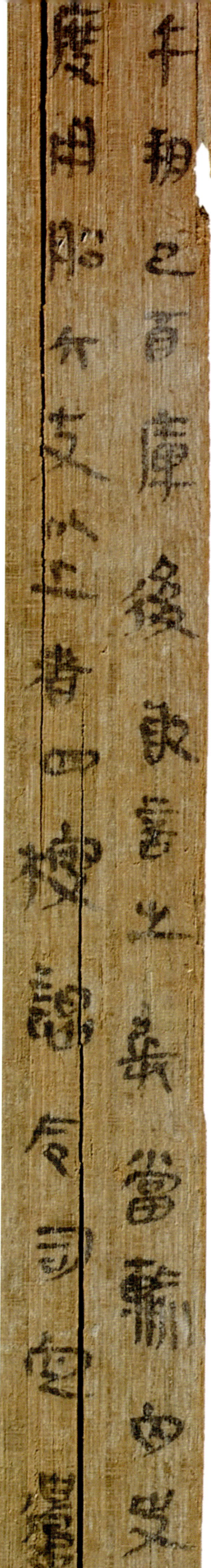

秦廿七年三月丙午朔己酉库后敢言之简（牍）

简牍编号：8-1522
年　　代：秦（公元前221年—公元前206年）
尺　　寸：长23厘米，宽2.3厘米，厚0.2厘米

释文 背

三月辛亥迁陵守丞敦狐告司空主以律令从事／☒

昭行

三月己酉水下九佐赿以来／扣手

释文 背

己
九月辛亥水下九刻感行　感手

释文 正

廿九年九月壬辰朔辛亥迁陵丞昌敢言之令＝史感上水火败亡者课一牒有不定者谒令感定敢言之

秦廿九年九月壬辰牒有不定者谒令感定敢言之简（牍）

简牍编号：8-1523

年　　代：秦（公元前221年—公元前206年）

尺　　寸：长22.8厘米，宽2.1厘米，厚0.3厘米

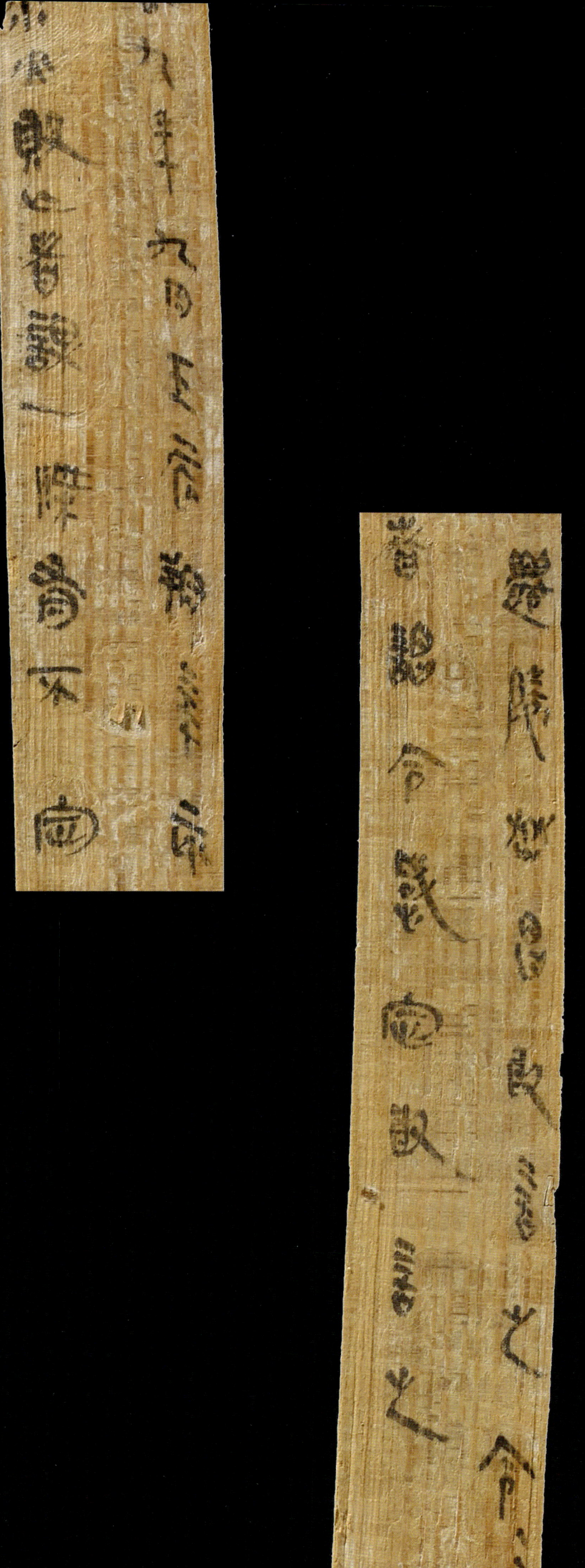

释文 正

廿六年十二月癸丑朔庚申迁陵守禄敢言之沮守瘳言课廿四年畜

息子得钱殿沮守周主为新地吏令县论言夬·问之周不在

迁陵敢言之

·以荆 山道丞印行·

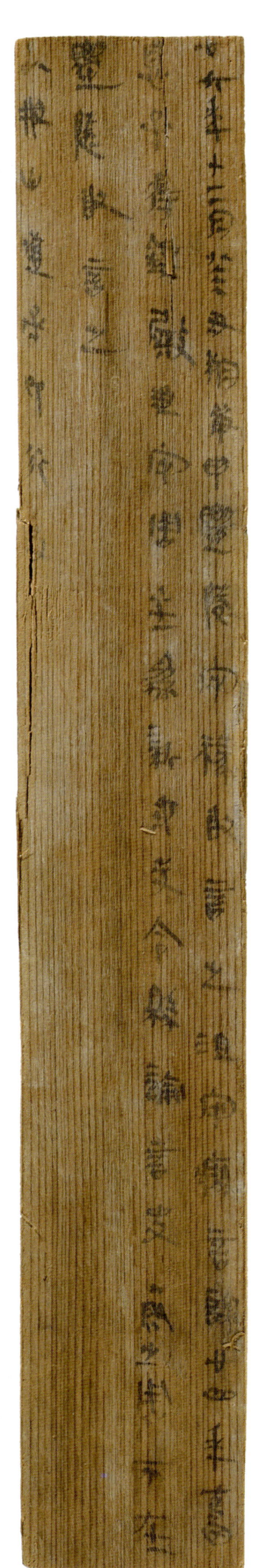

秦廿六年十二月癸丑朔庚申迁陵守禄敢言之简（牍）

简牍编号：8-1524

年　　代：秦（公元前221年—公元前206年）

尺　　寸：长23.3厘米，宽3.5厘米，厚0.5厘米

释文 背

丙寅水下三刻启陵乘城卒秭归都里士五顺行□旁 壬手

释文　正

卅五年三月庚寅朔辛亥仓衔敢言之疏书吏徒上事尉府
者牍北食皆尽三月迁陵田能自食谒告过所县以县乡次续
食如律雨留不能投宿贵当腾＝来复传敢言之

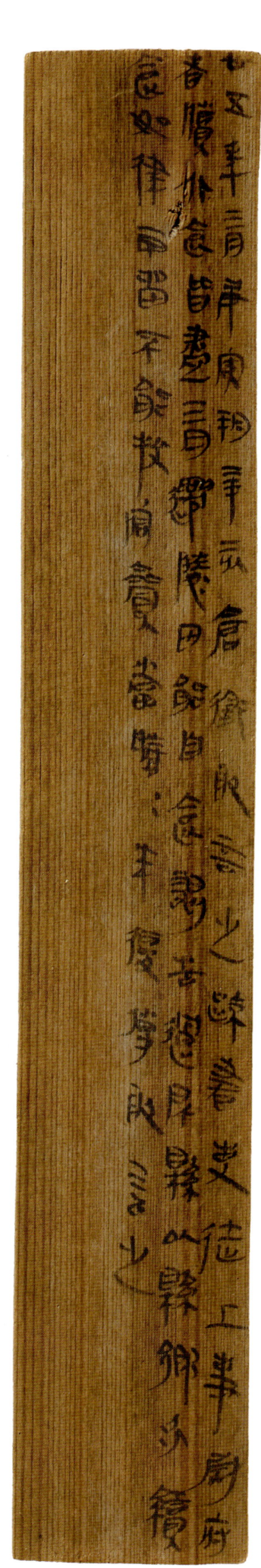

秦卅五年三月庚寅朔辛亥仓衔敢言之简（牍）

简牍编号：8-1525

年　　代：秦（公元前221年—公元前206年）

尺　　寸：长23.2厘米，宽3.6厘米，厚0.3厘米

释文 背

令佐温
更戍士五城父阳翟执
更戍士五城父西痤
骨手

释文　正

迁陵卅五年貇田舆五十二顷九十五亩税田□项□□
户百五十二租六百七十七石衡之亩一石五
户婴四石四斗五升奇不衡六斗

秦迁陵卅五年九十五亩税田简（牍）

简牍编号：8-1527

年　　代：秦（公元前221年—公元前206年）

尺　　寸：长23厘米，宽4厘米，厚0.2厘米

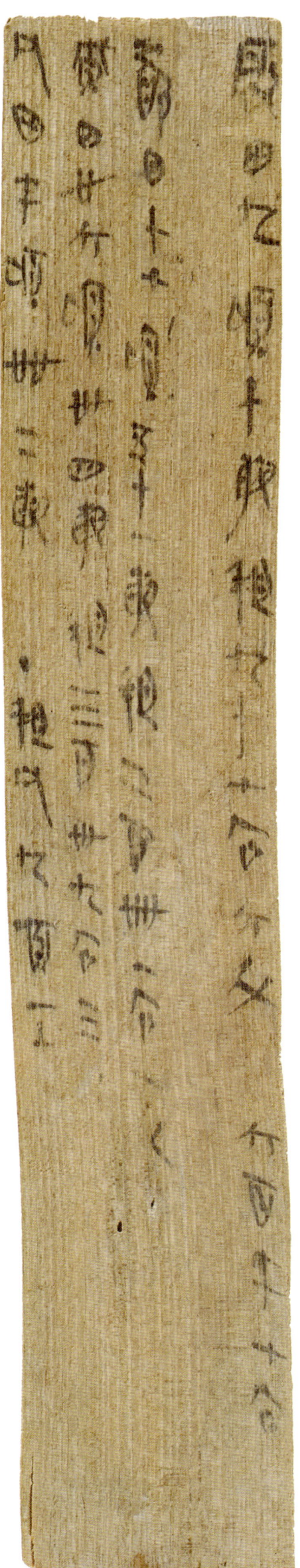

释文 背

启田九顷十亩租九十七石六斗 六百七十七石
都田十七顷五十一亩租二百卅一石□□
贰田廿六顷卅四亩租三百卅九石三
凡田七十顷卅二亩·租凡九百一十

释文 正

卅四年七月甲子朔癸酉启陵乡守意敢言之廷下仓守庆书
言令佐赣载粟启陵乡今已载粟六十二石为付券一上
谒令仓守敢言之・七月甲子朔乙亥迁陵守丞跖告仓
主下券以律令从事／壬手／七月乙亥旦守府[印]行

释文 背

七月乙亥旦佐赣以来／壬发　恬手

秦卅四年七月甲子朔癸酉启陵简（牍）

简牍编号：8-1533
年　　代：秦（公元前221年—公元前206年）
尺　　寸：长23厘米，宽2.7厘米，厚0.3厘米

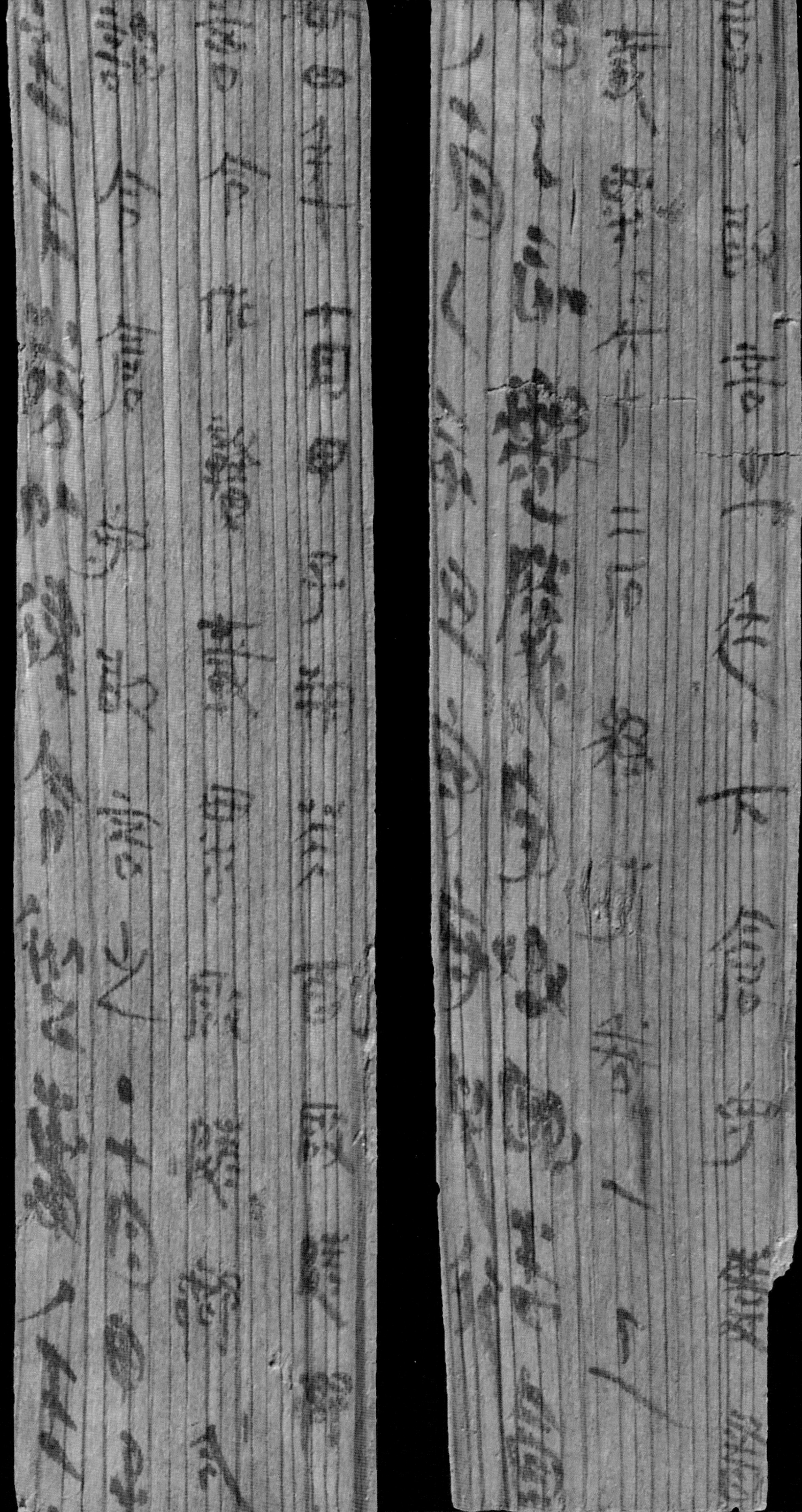

释文

户曹书四封迁陵印一咸阳一高陵一阴密一竟陵

廿七年五月戊辰水下五刻走茶以来

秦户曹书四封迁陵印简（牍）

简牍编号：8-1541

年　　代：秦（公元前221年—公元前206年）

尺　　寸：长23.2厘米，宽2.7厘米，厚0.3厘米

释文 背

库六人

释文 正

完佐上造临汉都里曰援库佐内佐年卅七岁　为县买工用端月行

为无阳众阳乡佐三月十二日　族王氏

凡为官佐三月十二日

秦亢佐上造临汉都里曰援库佐内佐年卅七岁简（牍）

简牍编号：8-1563

年　　代：秦（公元前221年—公元前206年）

尺　　寸：长35厘米，宽1.9厘米，厚0.3厘米

秦廿八年七月戊戌朔癸卯尉守窃敢之简（牍）

释文 背

癸卯朐忍宜利锜以来／敞手

䟭手

释文 正

廿八年七月戊戌朔癸卯尉守窃敢之洞庭尉遣巫居赀公卒安成徐署迁陵今徐以壬寅事谒令仓禀食移尉以展约日敢言之

七月癸卯迁陵守丞膻之告仓主以律令从事／逐手即徐为入食

简牍编号：8-1571

年　　代：秦（公元前221年—公元前206年）

尺　　寸：长23.2厘米，宽2.7厘米，厚0.4厘米

释文 背

如意手

释文 正

卅五年八月丁巳朔 贰春乡兹敢言之受酉阳盈夷乡户隶计大女子一人「今上其校一牒谒以从事敢言之

秦卅五年八月丁巳朔贰春乡兹敢言之简（牍）

简牍编号：8-1573

年　　代：秦（公元前221年—公元前206年）

尺　　寸：长23.1厘米，宽1.9厘米，厚0.2厘米

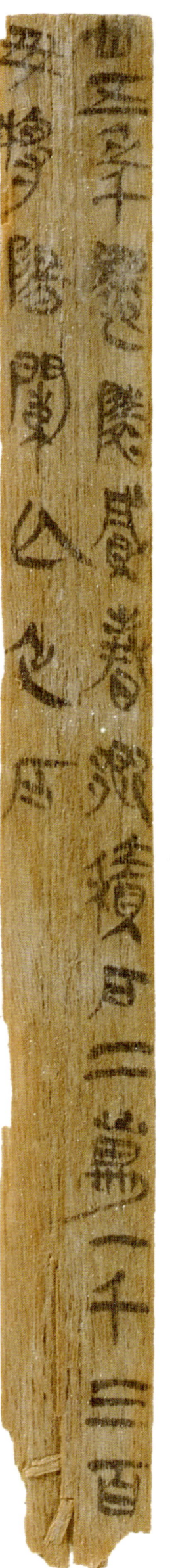

释文

卅五年迁陵贰春乡积户·二万一千三百☐

毋将阳阑亡乏户☐

秦卅五年迁陵贰春乡积户二万一千三百简（牍）

简牍编号：8-1726

年　　代：秦（公元前221年—公元前206年）

尺　　寸：长13.8厘米，宽1.4厘米，厚0.2厘米

释文

☐陵乡成里户人士五成隶☐

秦☐陵乡成里户人士五成隶简（牍）

简牍编号：8-1828

年　　代：秦（公元前221年—公元前206年）

尺　　寸：长11.2厘米，宽0.8厘米，厚0.3厘米

释文

☐洞庭泰守府 二月乙未水下八刻走佁以来

秦☐洞庭泰守府简（牍）

简牍编号：8-1836

年　　代：秦（公元前221年—公元前206年）

尺　　寸：长15.2厘米，宽1.2厘米，厚0.3厘米

简牍编号：8-1892

释文

狱南曹书三封丞印二诣酉阳一零阳／卅年九月丙子旦食时隶臣罗以来

秦狱南曹书三封丞印二诣酉阳简（牍）

简牍编号：8-1892

年　　代：秦（公元前221年—公元前206年）

尺　　寸：长23.1厘米，宽1.9厘米，厚0.3厘米

释文 正

卅四年八月癸巳朔癸卯户曹令史☑

尽卅三年见户数牍比移狱具集上□☑

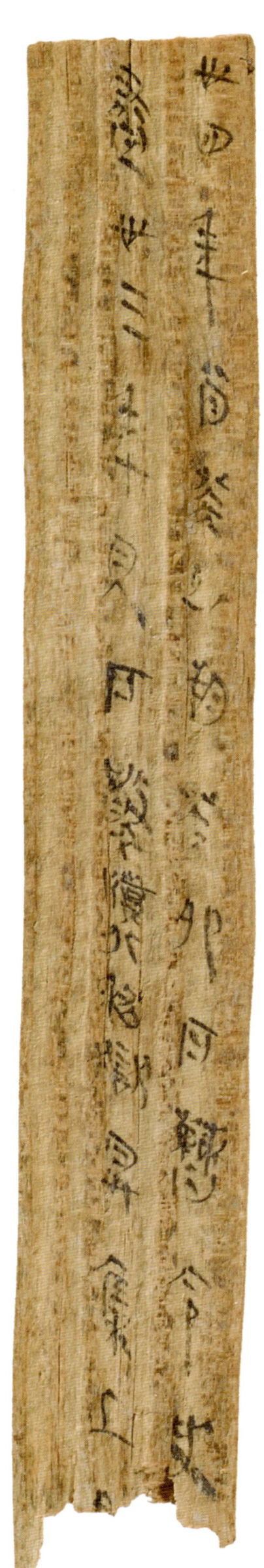

秦卅四年八月癸巳朔癸卯户曹令史简（牍）

简牍编号：8-2013

年　　代：秦（公元前221年—公元前206年）

尺　　寸：长15.2厘米，宽2.4厘米，厚0.3厘米

释文 背

廿八年见百九十一户　卅二年见百六十一户☐

廿九年见百六十六户　卅三年见百六十三户☐

卅年见百五十五户

卅一年见百五十九户

释文 正

卅一年五月壬子朔壬戌都乡守是徒簿☐

受司空城旦一人仓隶妾二人☐

一人捕献☐

二人病☐

秦卅一年五月壬子朔简（牍）

简牍编号：8-2019

年　　代：秦（公元前221年—公元前206年）

尺　　寸：长12.3厘米，宽2.5厘米，厚0.4厘米

释文　背

五月壬戌都乡守是谒☐☐☐☑

五月壬戌旦佐初以来／气发☑

释文 正

卅三年三月辛未朔戊戌司空腾敢言之阳陵下里士五不识有赀余钱千七百廿八不识戍洞庭郡不智何县署𠃍今为钱校券一上谒言洞庭尉令署所县责以受（授）阳陵司=空=不名计问何县官计付署计年名为报己螜责其家=贫弗能入有物故弗服毋听流辞以环书道远报署主责发敢言之／四月壬寅阳陵守丞恬敢言之写上谒报署金

秦卅三年三月辛未朔戊戌司空腾简（牍）

简牍编号：9-3

年　　代：秦（公元前221年—公元前206年）

尺　　寸：长22.7厘米，宽3.5厘米，厚0.2厘米

释文 背

布发敢言之／堪手

卅四年七月甲子朔辛卯阳陵遨敢言之未得报谒追敢言之／堪手

卅五年四月己未朔乙丑洞庭叚䚄尉谓迁陵丞阳陵卒署迁陵以律令从事报之／嘉手以洞庭司马印行事·敬手

释文　正

卅三年四月辛丑朔戊申司空腾敢言之阳陵䨱阳士五小欬有赀钱万一千二百七十一欬戍洞庭郡不智何县署·今为钱校券一上谒言洞庭尉令申署所县责以受阳陵司＝空＝不名计问何县官计付署计年为报已赀其家＝贫弗能入乃移报署主责发敢言之／四月己酉阳陵守丞厨敢言之写上谒报＝署金布发敢言之

秦卅三年四月辛丑朔戊申司空腾简（牍）

简牍编号：9-7

年　　代：秦（公元前221年—公元前206年）

尺　　寸：长23厘米，宽3.7厘米，厚0.2厘米

释文 背

卅四年八月癸巳朔㼜日阳陵谇敢言之至今未报谒追敢言之／堪
手
卅五年四月己未朔乙丑洞庭叚尉觿谓迁陵丞相陵卒署迁陵其以律
令从事报之当腾㼜／嘉手·以洞庭司马印行事

敬手

释文　正

卅三年四月辛丑朔丙午司空腾敢言之阳陵䰍作士五胜日有赀钱
千三百卌四胜日戍洞庭郡不智何县署·今为钱校券一上谒言洞
庭尉令胜日署所县责以受阳陵司＝空＝不名计问何县官计
年为报已訾其家＝贫弗能入乃移戍所报署主责发敢言之
四月乙酉阳陵守丞厨敢言之写上谒报＝署金布发敢言
之／儋手

秦卅三年四月辛丑朔丙午司空腾简（牍）

简牍编号：9-10
年　　代：秦（公元前221年—公元前206年）
尺　　寸：长23厘米，宽4厘米，厚0.3厘米

释文 背

卅四年六月甲午朔壬戌阳陵守丞庆敢言之未报谒追

敢言之／纠手

卅五年四月己未朔乙丑洞庭叚尉觿谓迁陵丞阳陵卒署迁陵其

以律令从事报之当腾＝／嘉手・以洞庭司马印行事

敬手

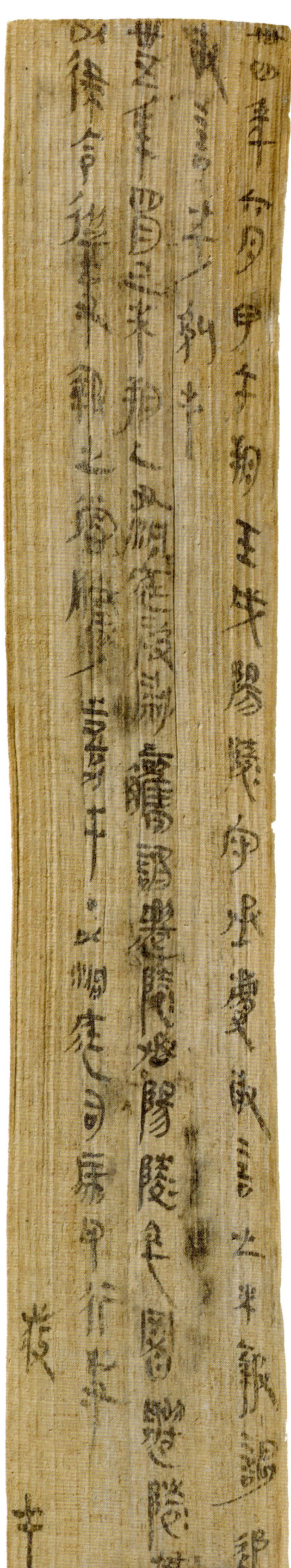

释文　正

卅三年三月辛未朔丁酉司空腾敢言之阳陵溪里士五采有赀余钱八百五十二不
不采戍洞庭郡不智何县署·今为钱校券一上谒洞庭尉令署所县责以受
阳陵司＝空＝不名计问何县官计付署计年为报已訾责其家＝贫弗能力乃
移戍所报署主责发敢言之／四月壬寅阳陵守丞恬敢言之写上谒报
署金布发敢言之／卅四年八月癸巳朔＝日阳陵邀敢言之至今未报谒追

秦卅三年三月辛未朔丁酉司空腾简（牍）

简牍编号：9-11
年　　代：秦（公元前221年—公元前206年）
尺　　寸：长23厘米，宽3.7厘米，厚0.3厘米

释文 背

敢言之

卅五年四月己未朔乙丑洞庭叚尉觿谓迁陵丞阳陵卒署迁陵其

以律令从事报之当腾=/嘉手·以洞庭司马印行事

敬手

释文 正

卅三年四月辛丑朔丙午司空腾敢言之阳陵䈞里公卒广有赀钱千三百
卅四广戍洞庭郡不智何县署」今为钱校券一上谒言洞庭尉令广
署所县责以受阳陵司空＝不名计问何县官计付署计年为报
已訾责其家＝贫弗能入乃移戍所报署主责发敢言之／四月己酉

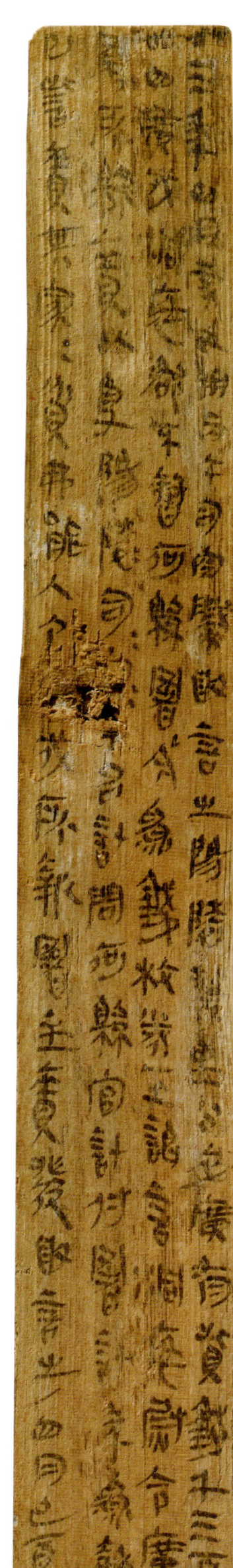

秦卅三年四月辛丑朔丙午司空腾简（牍）

简牍编号：9-12
年　　代：秦（公元前221年—公元前206年）
尺　　寸：长22.6厘米，宽3.2厘米，厚0.3厘米

释文 背

阳陵守丞厨敢言之写上谒报＝署金布发敢言之／儋手

卅四年七月甲子朔辛卯阳陵遫敢言之未得报谒追敢言之／堪手

卅五年四月己未朔乙丑洞庭叚尉觿谓迁陵丞阳陵卒署迁陵其以律令

从事报之当腾＝／嘉手·以洞庭司马印行事　敬手

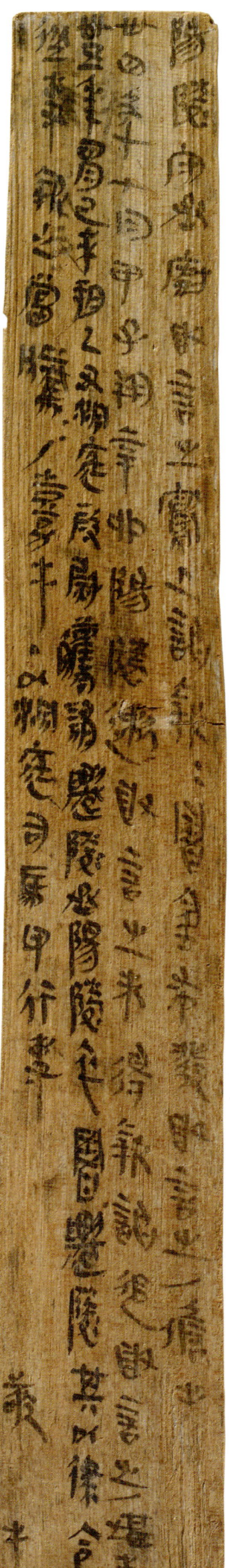

释文

☐勾十八弩二百五十一臂九十七几百一十七弦千八百一矢四万九百九十

☐千二百八十四物同券齿

秦☐勾十八弩二百五十一筒（牍）

简牍编号：9-29

年　　代：秦（公元前221年—公元前206年）

尺　　寸：长27.5厘米，宽1.4厘米，厚0.7厘米

释文

守丞枯五十五日———
守丞平五十七日———
守丞固二百卌二日———
令佐懅卌四日———
令佐贺一百卌日———
令佐军(章)百八十日———
守加卌四日———
守顾三百一十日———
佐集卌四日———
佐苏三百一十日———

秦守丞枯五十五日——简（牍）

简牍编号：9-728

年　　代：秦（公元前221年—公元前206年）

尺　　寸：长23.3厘米，宽3.5厘米，厚0.3厘米

释文 背

迁[陵]报酉阳署主令发　□
急报零阳金布发　　恒署　　丁四
酉阳报充署令发
七月己未水十一刻（刻）下十都邮人□以来／□发

释文 正

六月壬午朔戊戌洞庭叚守齮下□听书从事临沅
下索乚门浅零阳上衍各以道次传别书临
沅下洞庭都水蓬下铁官
皆以邮行书到相报不报追临沅门浅零阳
上衍皆言书到署兵曹发／如手道一书·以洞庭候印

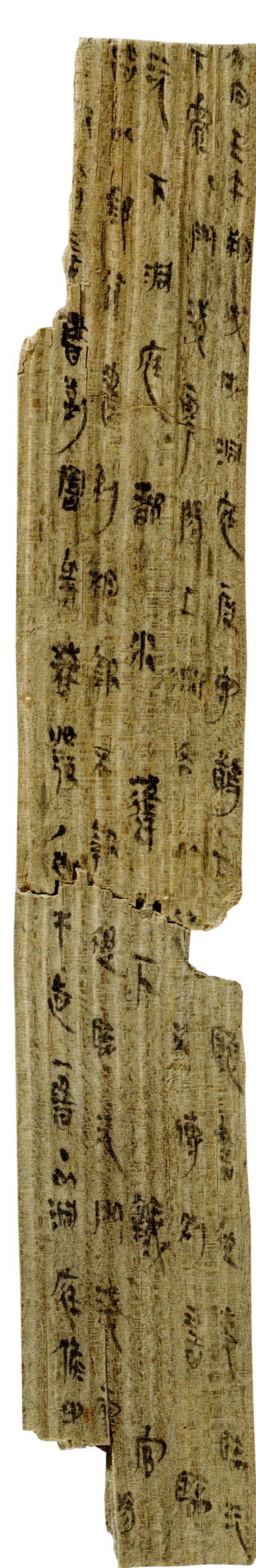

秦六月壬午朔戊戌洞庭叚守齮下简（牍）

简牍编号：9-712-758

年　　代：秦（公元前221年—公元前206年）

尺　　寸：长13厘米，宽3.5厘米，厚0.3厘米

释文

☐官啬夫十人　今见五人　食吏三人
☐其二人缺　官佐□十三人
☐三人徭使　其一人缺　其二人缺
☐今见五人　廿二人徭使　今见一人
☐校长六人　今见廿四人　凡见吏五十一人
☐其四人缺　牢监一人

秦官啬夫十人简（牍）

简牍编号：9-631

年　　代：秦（公元前221年—公元前206年）

尺　　寸：长17.6厘米，宽3.4厘米，厚0.1厘米

释文

☐隶小上造臣黑色长可六尺年十五☐

秦☐隶小上造臣黑色长可六尺年十五简（牍）

简牍编号：9-337

年　　代：秦（公元前221年—公元前206年）

尺　　寸：长13.1厘米，宽1.2厘米，厚0.3厘米

释文

迁陵丞 自发
以邮行洞庭

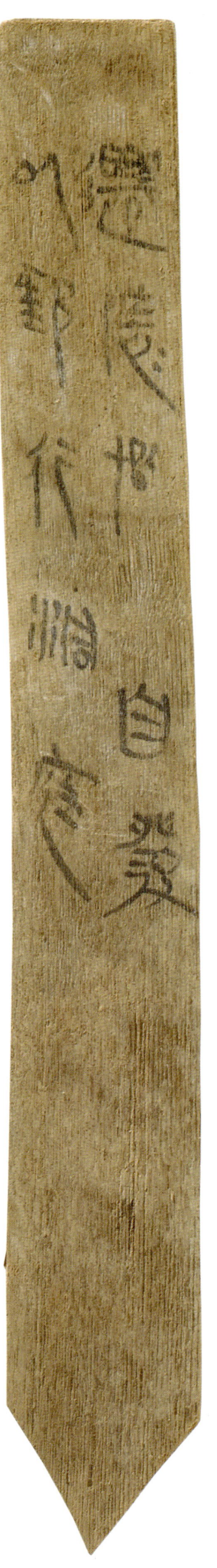

秦迁陵丞自发以邮行洞庭简（牍）

简牍编号：9-46

年　　代：秦（公元前221年—公元前206年）

尺　　寸：长16.1厘米，宽2厘米，厚0.3厘米

释文｜高里户人大女子杜衡

秦高里户人大女子杜衡简（牍）

简牍编号：9-43
年　　代：秦（公元前221年—公元前206年）
尺　　寸：长20厘米，宽2.8厘米，厚0.3厘米

释文

☐ 律曰已狠（垦）田轭上其数及户数户婴之

秦律曰已狠（垦）田轭上其数及户数户婴之简（牍）

简牍编号：9-39

年　　代：秦（公元前221年—公元前206年）

尺　　寸：长23.3厘米，宽1.4厘米，厚0.4厘米

释文

以故事稽留不如守府期=会=事皆急

秦以故事稽留不如守府期=会=事皆急简（牍）

简牍编号：9-38

年　　代：秦（公元前221年—公元前206年）

尺　　寸：长23.3厘米，宽1.2厘米，厚0.3厘米

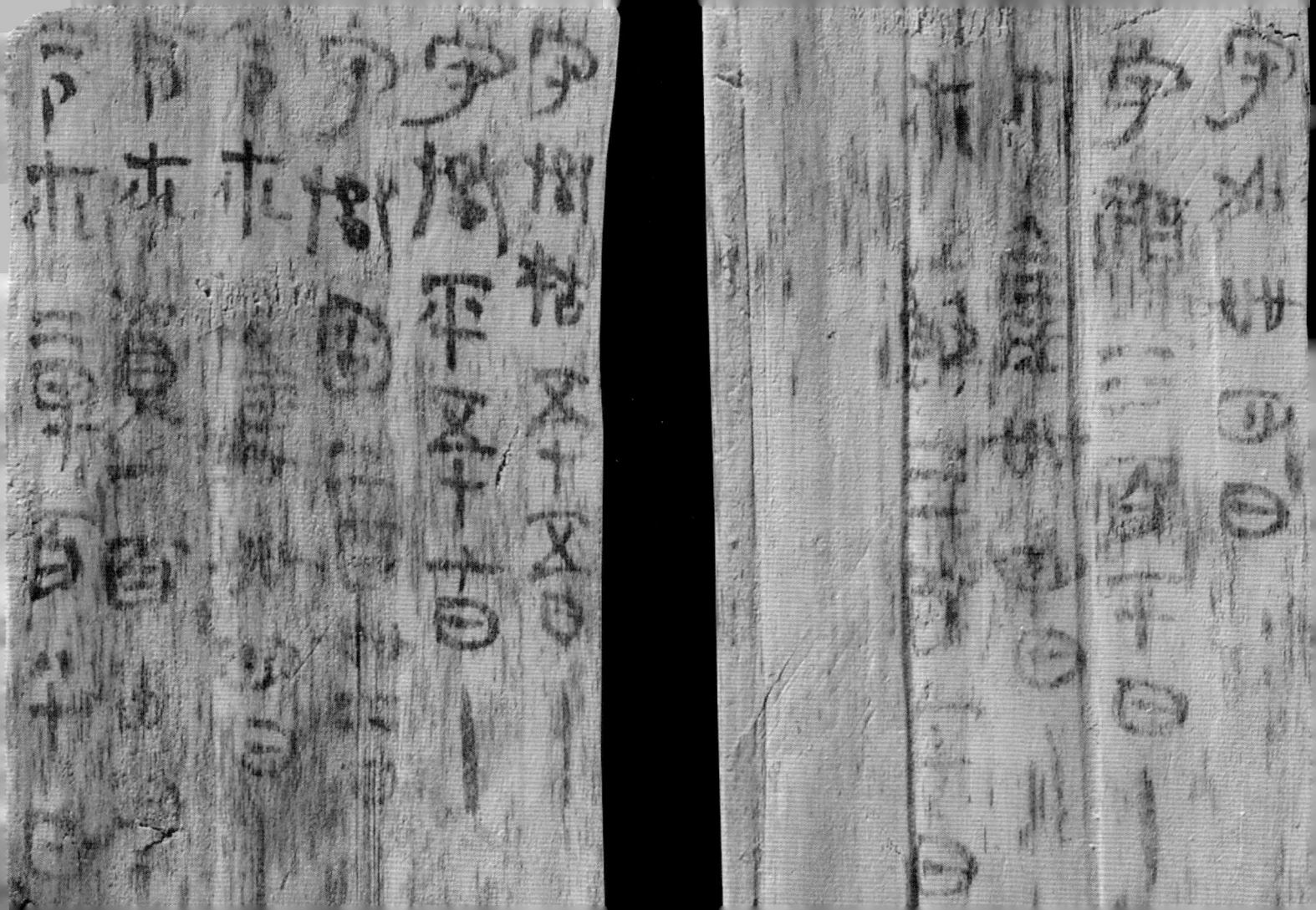

释文

更成卒士五城父成里产长七尺四寸黑色年卅一岁 族〼

卅四年六月甲午朔甲辰尉探 迁陵守丞衔前令〼

秦更成卒士五城父成里产长七尺四寸简（牍）

简牍编号：9-757

年　　代：秦（公元前221年—公元前206年）

尺　　寸：长18.5厘米，宽1.5厘米，厚0.4厘米

释文

径䞑粟=一石九斗少半斗　卅一年正月甲寅朔丙辰田官守敬佐壬禀人䫺出禀屯戍士五巫狼旁久铁

令史扁视平　壬手

秦径䞑粟一石九斗少半斗简（牍）

简牍编号：9-762

年　　代：秦（公元前221年—公元前206年）

尺　　寸：长37.6厘米，宽1.6厘米，厚0.5厘米

释文 正

廿六年二月癸丑朔丙子唐亭叚校长壮敢言之唐亭
旁有盗可卅人壮卒少不足以追亭不可空谒
遣卒索敢言之／二月辛巳迁陵守丞敦狐敢告尉告卿主以律

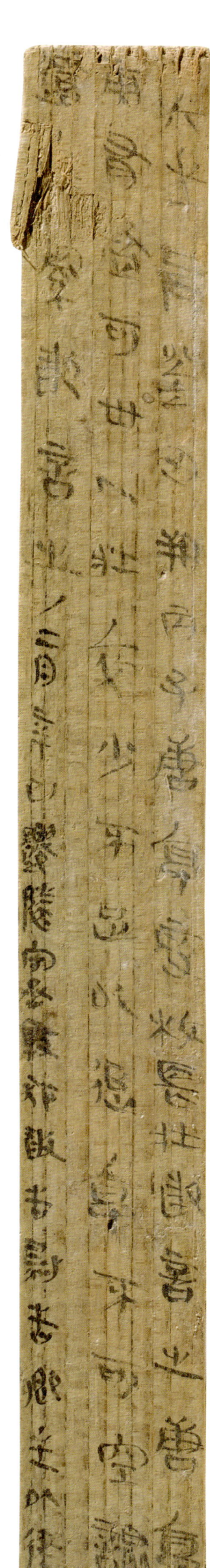

秦廿六年二月癸丑朔丙子简（牍）

简牍编号：9-1112

年　　代：秦（公元前221年—公元前206年）

尺　　寸：长23厘米，宽2.9厘米，厚0.3厘米

释文 背

令从事尉下亭邮署士吏谨备∟贰卿上司马丞／亭手／即令

走涂行

二月辛巳不更舆里戌以来／丞手　壮手

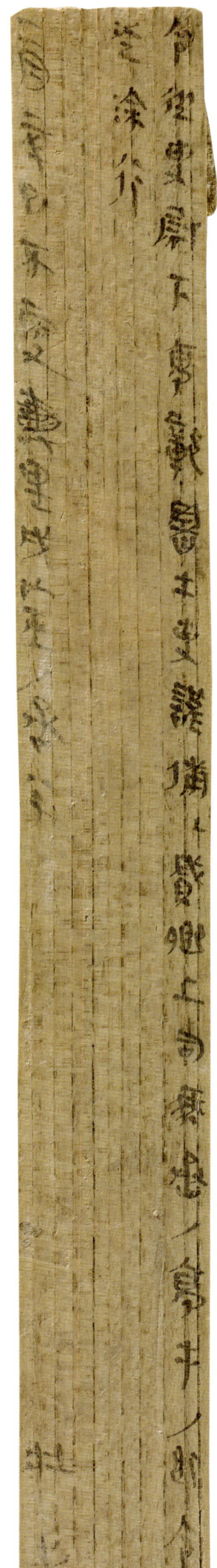

释文

卅七年迁陵库工用计受其贰春乡髳☐

桼（漆）三升·歙（饮）水十一升千重八

☐

秦卅七年迁陵库工用计受其贰春乡髳简（牍）

简牍编号：9-1138

年　　代：秦（公元前221年—公元前206年）

尺　　寸：长15.4厘米，宽1.9厘米，厚0.4厘米

释文

都乡黔首毋良药芳草□☑

都乡黔首毋良药芳草□简（牍）

简牍编号：9-1308

年　　代：秦（公元前221年—公元前206年）

尺　　寸：长8.7厘米，宽0.7厘米，厚0.2厘米

释文

廿九少内☐
买徒隶用钱三万千☐
少内根佐之主　　☐

秦买徒隶用钱三万千☐简（牍）

简牍编号：9-1408

年　　代：秦（公元前221年—公元前206年）

尺　　寸：长6.9厘米，宽1.6厘米，厚0.3厘米

释文

南里不更公孙黜受令☐

秦南里不更公孙简（牍）

简牍编号：9-1625

年　　代：秦（公元前221年—公元前206年）

尺　　寸：长14厘米，宽1厘米，厚0.4厘米

释文 正

元年八月庚午朔庚寅田官守獾敢言
之上貇田课一牒敢言之∕▨

释文 背

八月庚寅日入獾以来／援发　獾手

秦元年八月庚午朔庚寅田官守獾敢言简（牍）

简牍编号：9-1869

年　　代：秦（公元前221年—公元前206年）

尺　　寸：长13.1厘米，宽2.1厘米，厚0.3厘米

释文

东成户人士五夫☐
妻大女子沙☐
子小女子泽若☐
子小女子伤☐

秦东成户人士五夫简（牍）

简牍编号：9-2064
年　　代：秦（公元前221年—公元前206年）
尺　　寸：长12.5厘米，宽2.9厘米，厚0.4厘米

释文

元年迁陵隶臣妾积二百四人　仓守士五敦狐☐

毋死亡者　　　　　　　　视事二日☐

秦元年迁陵隶臣妾积二百四人简（牍）

简牍编号：9-2273

年　　代：秦（公元前221年—公元前206年）

尺　　寸：长20.5厘米，宽1.7厘米，厚0.2厘米

释文

卅二年十月己酉朔乙亥司空守圂徒作簿

城旦司寇一人
鬼薪廿人
城旦八十七人
仗城旦九人
隶臣毄城旦三人
隶臣居赀五人
·凡百廿五人
其五人付贰春
一人付少内
四人有逮
二人付库
二人付仓
二人作园平
二人徒养臣益

二人作务惊亥
四人与吏上事守府
五人除道沅陵
三人作庙
廿三人付田官
三人削廷央闲赫
一人学车酉阳
五人缮官宵金廒桴鲤
三人付叚仓信
二人治邸
六人治邸
一人取篆厩
二人伐榃强童

二人伐材刚聚
二人付都乡
三人付尉
一人治观
一人付启陵
二人为笴移昭
八八捕羽操宽 未丁

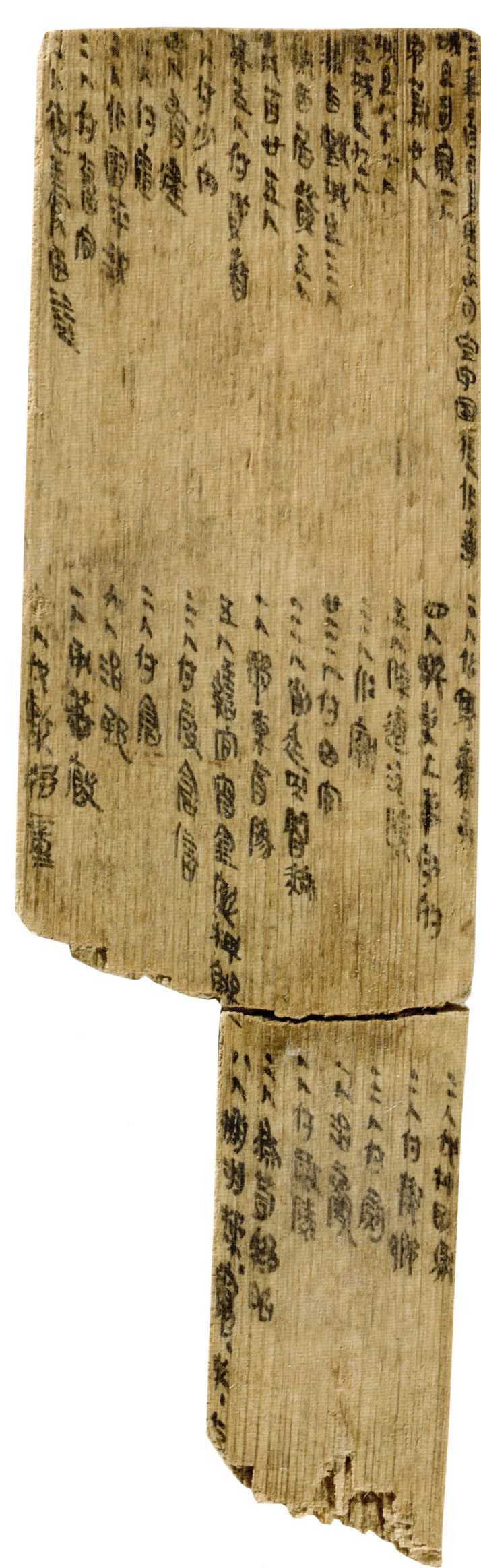

秦城旦司寇一人简（牍）

简牍编号：9-2294 9-2305
年　　代：秦（公元前221年—公元前206年）
尺　　寸：长19.6厘米，宽6厘米，厚0.4厘米

释文

锦一丈五尺八寸度给县用足

缦三百廿五丈三尺四寸半寸度给县不足三百卅八丈

白布四百三丈六尺九寸度给用不足四百一十一丈

大枲卅六石廿四斤二两廿二朱度给县用不足百五十五石

锦帷二堵度给县用足

缣帷一堵度给县用足

组絭（缨）一度给县用足

襦袍二度给县用足

布帷一堵度给县用足

缦帷二堵度给县用足

县用足

络锦八尺六寸

秦锦一丈五尺八寸简（牍）

简牍编号：9-2296

年　　代：秦（公元前221年—公元前206年）

尺　　寸：长23.1厘米，宽3.1厘米，厚0.3厘米

释文

行此书者勿留
书二月乙亥旦食起诣廷

秦行此书者勿留简（牍）

简牍编号：9-2301

年　　代：秦（公元前221年—公元前206年）

尺　　寸：长23.4厘米，宽2.5厘米，厚0.3厘米

释文 背

九月丁巳田守武敢言之上黔首豤草一牒敢言之／衔手
九月丁巳日水十一刻＝下四佐衔以来／□发

释文 正

卅三年六月庚子朔丁巳守武爰书高里士五吾武自言谒豤草田六亩
武门外└能恒藉以为田└典□

秦卅三年六月庚子朔丁巳守武爰书高里士简（牍）

简牍编号：9-2350
年　　代：秦（公元前221年—公元前206年）
尺　　寸：长36.6厘米，宽1.5厘米，厚0.3厘米

释文

☑☐
☑☐
☐☐

凡作……
为令佐六岁
为县令佐一岁十二日
为县斗食四岁五月廿四日
为县司空有秩乘车三岁八月廿二日
守迁陵丞六月廿七日
凡十五岁九月廿五日凡功三﹂三岁九月廿五日

☐☐乡廿二年……
☐功二……
劳四﹂三九月廿五日
·凡功六三岁九月廿五日
迁陵六月廿七日定☐☐八月廿日
……可☐属洞庭
五十岁居内史七岁☐

秦凡作……☐☐乡廿二年……简（牍）

简牍编号：10-15

年　　代：秦（公元前221年—公元前206年）

尺　　寸：长18.7厘米，宽2.7厘米，厚0.3厘米

释文

鬼薪苍输铁官廿八年三月丙辰断戊午行☒

秦鬼薪苍输铁官简（牍）

简牍编号：10-678

年　　代：秦（公元前221年—公元前206年）

尺　　寸：长10.1厘米，宽1厘米，厚0.3厘米

释文

卅三年十月甲辰朔乙巳贰春乡守福爰书东成夫=年自言以小 女 处予子同里小上造辨乚典朝日

福手

秦卅三年十月甲辰朔乙巳贰春乡守简（牍）

简牍编号：10-1157

年　　代：秦（公元前221年—公元前206年）

尺　　寸：长14厘米，宽1.1厘米，厚0.4厘米

释文：李广□客皙色长可七尺年卅岁衣禅□

秦李广□客皙色长可七尺年卅岁衣禅简（牍）

简牍编号：12-140

年　　代：秦（公元前221年—公元前206年）

尺　　寸：长12.7厘米，宽1.1厘米，厚0.3厘米

释文

后年洞庭食少县或取□☑

秦后年洞庭食少县或取□简（牍）

简牍编号：12-682

年　　代：秦（公元前221年—公元前206年）

尺　　寸：长14厘米，宽1.1厘米，厚0.4厘米

释 文 正

廿七年六月乙亥朔壬午贰春乡窑敢言之 贰春
津当用船一楼今以旦遣佐颛受谒令官叚
谒报敢言之

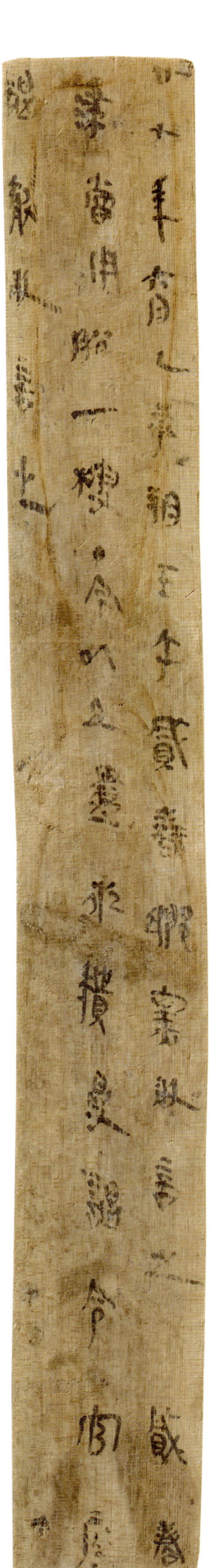

秦廿七年六月乙亥朔壬午贰简（牍）

简牍编号：12-849
年　　代：秦（公元前221年—公元前206年）
尺　　寸：长23.3厘米，宽3厘米，厚0.3厘米

释文 背

六月丁亥迁陵丞欧告司空主以律令从事报之／扣手

丁亥日中佐颓　行

六月丁亥水下三刻佐颓　以来／扣手　颓手

释文

敢告尉谓乡官啬夫令书曰公夫=张

秦敢告尉谓乡官啬夫令书曰公夫张简（牍）

简牍编号：12-1178

年　　代：秦（公元前221年—公元前206年）

尺　　寸：长23.9厘米，宽1.3厘米，厚0.4厘米

释文

受贰春乡 栗 十石以禀卒追□

秦受贰春乡栗十石以禀卒简（牍）

简牍编号：12-1409

年　　代：秦（公元前221年—公元前206年）

尺　　寸：长22.8厘米，宽1.1厘米，厚0.3厘米

释文 正

卅三年正月[壬申]朔戊戌洞庭叚守□谓县啬夫廿八年以来县所以令糴粟固
各有数而上见或[别]书或弗□以书到时巫各上所糴粟数后上见存
署见左方曰若干石斗不居见□署主仓发它如律令县一书·以临
沅印行事
二月壬寅朔甲子洞庭叚守釄　追县巫上勿留／跑手·以上衍印行事

秦卅三年正月壬申朔戊戌洞庭叚守简（牍）

简牍编号：12-1784
年　　代：秦（公元前221年—公元前206年）
尺　　寸：长28.2厘米，宽3.3厘米，厚0.2厘米

释文 背

三月丙戌日中邮人缠以来／□发　歇手

释文

书一封酉阳丞印诣迁陵以邮行
□□年十月丙戌水十一刻=下八起酉阳
□月己丑水十一刻=下一过启陵乡

秦书一封酉阳丞印诣迁陵以邮行简（牍）

简牍编号：12-1798

年　　代：秦（公元前221年—公元前206年）

尺　　寸：长47.3厘米，宽3.7厘米，厚0.5厘米

释文 正

九=八十一
八=六十四　七=卌九　六=卅六　五=廿五　四=十六　三=而九　二=而四　一=而二
八九七十二　七八五十六　六七卌二　五六卅　四五廿　三四十二　二三而六　一半而一
七九六十三　六八卌八　五七卅五　四六□　三五十五　二四而八
六九五十四　五八卌　四七廿八　三六□　二五十　
五九卌五　四八卅二　三七廿一□　二□　
四九卅六　三八廿四　二七十四□
三九廿七　二八十六　
二九十八　

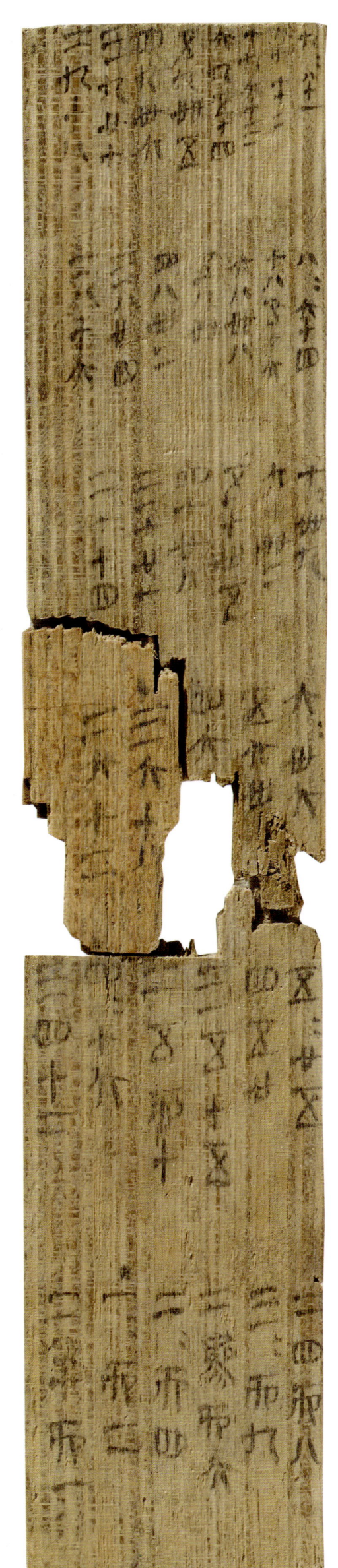

秦九九乘法口诀表简（牍）

简牍编号：12-2130，2131，B9-783
年　　代：秦（公元前221年—公元前206年）
尺　　寸：长24.1厘米，宽4.8厘米，厚0.4厘米

释文 背

九=八十一　二九十八　　　廿四　　二四而八

八九七十二　八=六十四　☐　　　六十八　三=而九

七九六十　七八五十六　三七廿一☒　六十二　二三而六

六九五十四　六八卌八　二七十四☒　五廿　　二=而四

五九卌五　　五八卌　　六=卌六☒　五十五　一=而二

四九卅六　　四八卅二　五六卅☒　　二五而十　二半而一

三九廿七　　三八廿四　　　　　　　四=十六　·凡千一百一十三

　　　　　　二八十六　　　　　　　☒三四十二

释文

钱三百六十

卅二年九月甲戌朔丁酉少内殷佐处出禀冢为占入钱居县受偿署所均佐临邛公卒奇里召吾卅二年冬夏衣

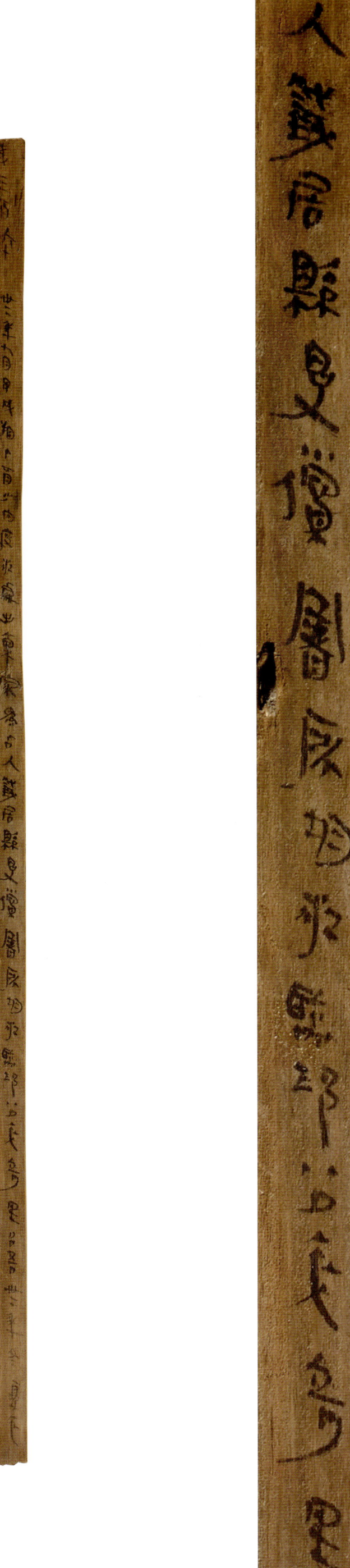

秦钱三百六十简（牍）

简牍编号：12-2301

年　　代：秦（公元前221年—公元前206年）

尺　　寸：长37.5厘米，宽1.6厘米，厚0.5厘米

释文

卅二年三月丁丑朔丙申仓是佐狗杂出祠先农余彻羊头一足四卖于城旦赫所取钱四囗

秦卅二年三月祠先农取钱四囗简（牍）

简牍编号：14-300　14-764

年　　代：秦（公元前221年—公元前206年）

尺　　寸：上长17.5厘米，下长8.5厘米，宽1.2厘米，厚0.4厘米

释文

卅二年三月丁丑朔丙申仓是佐狗襐杂出祠先农余彻☐

秦卅二年三月丁丑朔丙申仓是佐狗襐杂出祠先农余彻简（牍）

简牍编号：14-375

年　　代：秦（公元前221年—公元前206年）

尺　　寸：长15.3厘米，宽0.9厘米，厚0.4厘米

释文

☐
☐余船吏皆☐以繇（徭）使采赤金

秦☐余船吏皆☐以繇（徭）使采赤金简（牍）

简牍编号：14-469

年　　代：秦（公元前221年—公元前206年）

尺　　寸：长23厘米，宽0.9厘米，厚0.3厘米

释文

马以传食入疾及留不行日移索=集报参川都水薄留日

秦马以传食入疾及留不行日移简（牍）

简牍编号：14-638

年　　代：秦（公元前221年—公元前206年）

尺　　寸：长23.2厘米，宽1.1厘米，厚0.2厘米

释文

卅二年三月丁丑朔丙申仓是佐狗褓出祠先农余□☑

秦卅二年三月丁丑朔祠先农余□简（牍）

简牍编号：14-685
年　　代：秦（公元前221年—公元前206年）
尺　　寸：长15厘米，宽1.2厘米，厚0.4厘米

释文

卅二年三月丁丑朔丙申仓是佐狗襦出祠先农余彻酒一斗半斗卖于城☒

秦卅二年三月祠先农一斗半斗简（牍）

简牍编号：14-698
年　　代：秦（公元前221年—公元前206年）
尺　　寸：长19.8厘米，宽1.1厘米，厚0.3厘米

出酒半升飤鮮魯酒一斗半飤醬十殹

卅三石四斗人鞠酒半升鮮布

释文

廿六年端月己丑上䣙乡爱书☐
人黑色长可六月大目六尺九寸☐
端月甲戌上䣙乡奚敢言之☐
二月癸丑䣂武陵丞赾敢告☐

秦廿六年端月己丑简（牍）

简牍编号：15-259
年　　代：秦（公元前221年—公元前206年）
尺　　寸：长9.7厘米，宽2.5厘米，厚0.3厘米

释文

尉曹书二封丞印
一封诣零阳
一封诣昆阳邑　九月己亥水下八走印以☒

秦尉曹书二封丞印简（牍）

简牍编号：16-3

年　　代：秦（公元前221年—公元前206年）

尺　　寸：长16.6厘米，宽2.3厘米，厚0.4厘米

释文 正

廿七年二月丙子朔庚寅洞庭守礼谓县啬夫卒史嘉叚卒史谷属尉令曰传送委
输必先悉行城旦舂隶臣妾居赀赎责急事不可留乃兴繇（徭）⌒今洞庭兵输内史及巴
南郡苍梧输甲兵当传者多节传之必先悉行乘城卒隶臣妾城旦舂鬼薪白粲居
赀赎责司寇隐官践更县者⌒田时殹不欲兴黔首嘉谷尉各谨案所部县卒徒隶居
赀赎责司寇隐官践更县者簿有可令传甲兵县弗令传之而兴黔=首=可省
少弗省责司寇隐官践更县者辄劾移县=亟以律令具论当坐者言名夬
谷尉在所县上书嘉谷尉令人日夜端行它如律令

泰守府嘉

秦廿七年二月丙子朔庚寅洞庭简（牍）

简牍编号：16-5

年　　代：秦（公元前221年—公元前206年）

尺　　寸：长22.8厘米，宽4.2厘米，厚0.3厘米

释文 背

三月庚戌迁陵守丞敦狐敢告尉告乡司空仓主听书从事尉别书都
乡司=空=传仓都乡别启陵貳春皆勿留脱它如律令／扣手庚戌水下六
刻手裙行尉
三月戊午迁陵丞欧敢言之写上敢言之／扣手己未旦令史犯行
☐月戊申夕士五巫下里闻令以来／庆半　如手

释文 正

廿六年五月辛巳朔庚子启陵乡库敢言之都乡守嘉言渚里不𤰞
刻等十七户徙都乡皆不移年籍𠃊令曰移言·今问之刻等徙
书告都乡曰启陵乡未有枼（牒）毋以智刻等初产至今年数
皆自占谒令都乡具问刻等年数敢言之

秦廿六年五月辛巳朔庚子启陵乡库敢言之简（牍）

简牍编号：16-9

年　　代：秦（公元前221年—公元前206年）

尺　　寸：长20.4厘米，宽3.2厘米，厚0.3厘米

释文 背

☐迁陵守丞敦狐告都乡主以律令从事／逐手即☐

甲辰水十一刻=下者十刻不更成里午以来犨半

第三章 青铜器文物

战国双兽面铺首衔环铜壶

总登记号:000703

文物级别:未定级

年　　代:战国时代(公元前475年—公元前221年)

尺　　寸:通高15厘米,口径5.2厘米,腹径10.3厘米,底径6.3厘米

战国双系铜钫

总登记号：000705

文物级别：未定级

年　　代：战国时代（公元前475年—公元前221年）

尺　　寸：通高27厘米，腹径16.3厘米，口径8.9厘米，
　　　　　底径11.1厘米

战国双兽面铺首衔环铜钫

总登记号：000706

文物级别：未定级

年　　代：战国时代（公元前475年—公元前221年）

尺　　寸：通高24.5厘米，口径8.4厘米，腹径16.4厘米，
　　　　　底径10.7厘米，底高3.4厘米

战国绹纹铜编钟

总登记号：00002

文物级别：三级

年　　代：战国时代（公元前 475 年—公元前 221 年）

尺　　寸：通高 32.5 厘米，肩宽 13.7 厘米

战国绚纹铜编钟

总登记号：00028

文物级别：二级

年　　代：战国时代（公元前475年—公元前221年）

尺　　寸：通高29.8厘米，口径14.1厘米

战国三穿铜戈

总登记号：00036

文物级别：二级

年　　代：战国时代（公元前 475 年—公元前 221 年）

尺　　寸：通长 20.7 厘米，中宽 11.7 厘米

战国三穿铜戈

总登记号：00243

文物级别：三级

年　　代：战国时代（公元前 475 年—公元前 221 年）

尺　　寸：通长 19.5 厘米，中宽 10 厘米

战国空首铜剑

总登记号：00031

文物级别：三级

年　　代：战国时代（公元前 475 年—公元前 221 年）

尺　　寸：通长 58.6 厘米

战国曲折手心纹巴式铜剑

总登记号：00033

文物级别：二级

年　　代：战国时代（公元前 475 年—公元前 221 年）

尺　　寸：通长 38.3 厘米

战国扁茎平脊铜剑

总登记号：00038

文物级别：三级

年　　代：战国时代（公元前 475 年—公元前 221 年）

尺　　寸：通长 57 厘米，通宽 3.5 厘米

战国双箍铜剑

总登记号：00040

文物级别：三级

年　　代：战国时代（公元前475年—公元前221年）

尺　　寸：通长41.2厘米

战国双箍复合铜剑

总登记号：00242

文物级别：三级

年　　代：战国时代（公元前475年—公元前221年）

尺　　寸：通长57.8厘米

战国双箍铜剑

总登记号：00245

文物级别：三级

年　　代：战国时代（公元前475年—公元前221年）

尺　　寸：通长65厘米

战国双箍铜剑

总登记号：000742

文物级别：未定级

年　　代：战国时代（公元前475年—公元前221年）

尺　　寸：通长57厘米

战国铜剑

总登记号：000745

文物级别：未定级

年　　代：战国时代（公元前475年—公元前221年）

尺　　寸：通长47.8厘米

战国铜矛

总登记号：000749

文物级别：未定级

年　　代：战国时代（公元前475年—公元前221年）

尺　　寸：通长24.5厘米，直径2.7厘米

战国兽纹铜镜

总登记号：000692

文物级别：未定级

年　　代：战国时代（公元前475年—公元前221年）

尺　　寸：直径14.8厘米

战国山字纹铜镜

总登记号：000693

文物级别：未定级

年　　代：战国时代（公元前475年—公元前221年）

尺　　寸：直径10厘米

战国璜形铜器

总登记号：00037

文物级别：三级

年　　代：战国时代（公元前475年—公元前221年）

尺　　寸：通长8厘米，通宽1.5厘米

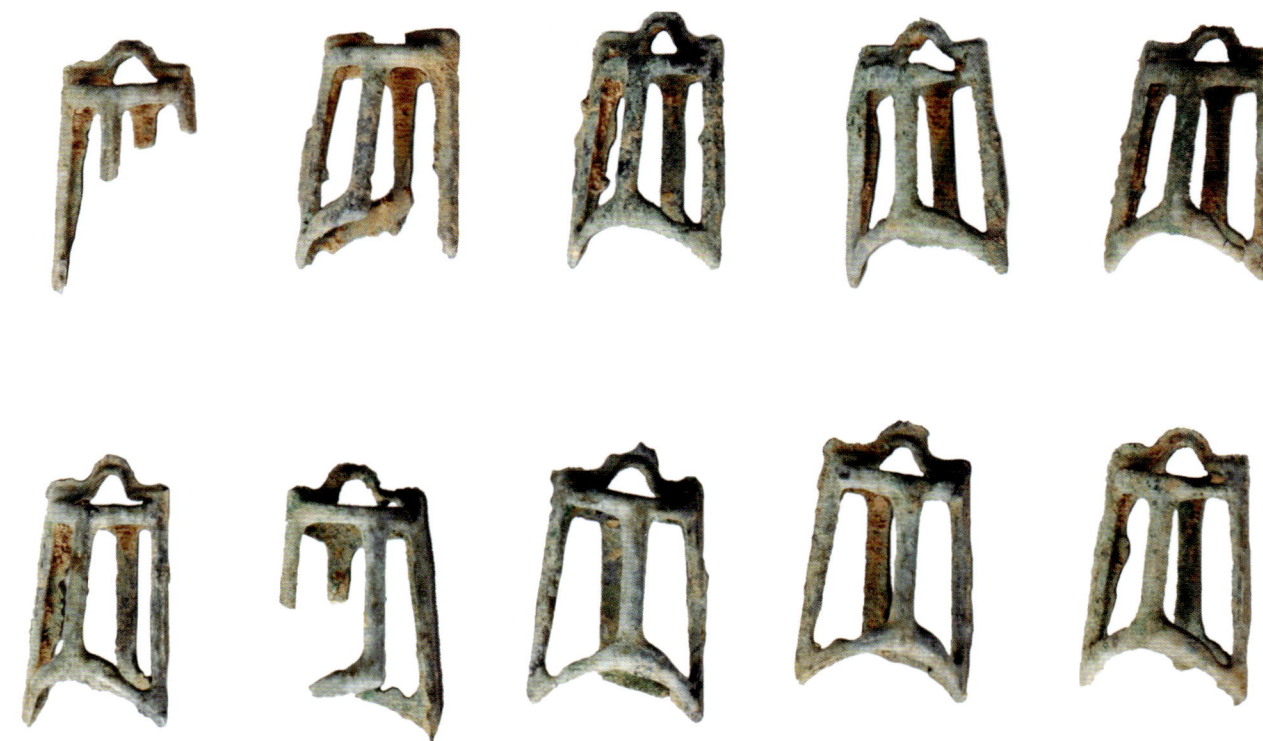

战国镂空铜铃形器

总登记号：00247

文物级别：三级

年　　代：战国时代（公元前475年—公元前221年）

尺　　寸：通高3.8厘米

秦代铜钺

总登记号：000751

文物级别：未定级

年　　代：秦（公元前221年—公元前206年）

尺　　寸：长8.2厘米，厚2厘米，宽6.8厘米

汉弦纹铜簋

总登记号：0004

文物级别：二级

年　　代：汉（公元前206年—公元220年）

尺　　寸：通高16.7厘米，口径23.5厘米

汉"黄师作上牢"铜壶

总登记号：00023

文物级别：一级

年　　代：汉（公元前206年—公元220年）

尺　　寸：口径12.5厘米、通高29.7厘米

汉双鱼纹铜洗

总登记号：00001

文物级别：三级

年　　代：汉（公元前 206 年—公元 220 年）

尺　　寸：通高 11.5 厘米，口径 27 厘米

西汉铜勺

总登记号：000725

文物级别：未定级

年　　代：西汉（公元前 206 年—公元 25 年）

尺　　寸：通长 17.2 厘米，勺口宽 6.4 厘米

西汉铜灯

总登记号：000684

文物级别：未定级

年　　代：西汉（公元前206年—公元25年）

尺　　寸：通高10.2厘米，底径9.8厘米

西汉铜鍪镂

总登记号：000694

文物级别：未定级

年　　代：西汉（公元前206年—公元25年）

尺　　寸：通高15.3厘米，通宽7.6厘米，腹径15.6厘米

西汉铜鐎壶

总登记号：000695

文物级别：未定级

年　　代：西汉（公元前206年—公元25年）

尺　　寸：腹径14.5厘米，高13厘米，把长7.6厘米

西汉双兽面铺首铜扁壶

总登记号：000699

文物级别：未定级

年　　代：西汉（公元前 206 年—公元 25 年）

尺　　寸：通高 26 厘米，壶口长 7.9 厘米，腹径长 29.1 厘米，底高 2.9 厘米

西汉双兽面铺首衔环铜樽

总登记号：000700

文物级别：未定级

年　　代：西汉（公元前 206 年—公元 25 年）

尺　　寸：通高 17.7 厘米，口径 19 厘米，足高 4.2 厘米

西汉环耳铜鍪

总登记号：000767

文物级别：未定级

年　　代：西汉（公元前206年—公元25年）

尺　　寸：通高20厘米，腹径31厘米，口径29.3厘米

西汉铜甗

总登记号：000769

文物级别：未定级

年　　代：西汉（公元前206年—公元25年）

尺　　寸：甑口径20.7厘米，底径9.2厘米，釜口径8.3厘米，高35.7厘米，底径9.2厘米

西汉铜博山炉

总登记号：000686

文物级别：未定级

年　　代：西汉（公元前 206 年—公元 25 年）

尺　　寸：通高 15.5 厘米，炉口径 6.7 厘米

宋带柄龙纹铜镜

总登记号：00009

文物级别：三级

年　　代：宋（公元960年—公元1279年）

尺　　寸：通长21.5厘米，镜直径11厘米

清铁杆线编铜钱剑

总登记号：00248

文物级别：三级

年　　代：清（公元1636年—公元1912年）

尺　　寸：通长63厘米

双环耳铜锅

总登记号：00133

文物级别：三级

年　　代：清（公元 1636 年—公元 1912 年）

尺　　寸：通高 28 厘米，口径 52 厘米

双环耳铜锅

总登记号：00134

文物级别：三级

年　　代：清（公元 1636 年—公元 1912 年）

尺　　寸：通高 26 厘米，口径 47 厘米

清仿"宣德"款铜香炉

总登记号：00005

文物级别：三级

年　　代：清（公元1636年—公元1912年）

尺　　寸：通高9.3厘米，口径12厘米

镂空几何八卦纹铜香炉

总登记号：00022

文物级别：三级

年　　代：民国（公元1921年—公元1949年）

尺　　寸：通高7.4厘米，口径12.5厘米

铜铳嘴

总登记号：00020

文物级别：三级

年　　代：民国（公元1921年—公元1949年）

尺　　寸：上口径2.2厘米，下口径4厘米

铜犬

总登记号：00018

文物级别：三级

年　　代：民国（公元1921年—公元1949年）

尺　　寸：通长4.5厘米，通高5.5厘米

镂空双龙纹圆形铜饰件

总登记号：00021

文物级别：三级

年　　代：民国（公元1921年—公元1949年）

尺　　寸：外径5.5厘米，内径0.8厘米

第四章 民族文物

"岩墙花"打花铺盖

总登记号：00250

文物级别：二级

年　　代：现代

尺　　寸：横101厘米，纵165厘米

"二龙戏珠"打花铺盖

总登记号：00252

文物级别：二级

年　　代：现代

尺　　寸：横40厘米，纵102厘米

"狗脚迹"打花铺盖

总登记号：00259

文物级别：三级

年　　代：现代

尺　　寸：横 41 厘米，纵 102.5 厘米

"大八角花"打花铺盖

总登记号：00257

文物级别：三级

年　　代：现代

尺　　寸：横42厘米，纵105厘米

纱布打花盖裙

总登记号：00062

文物级别：三级

年　　代：现代

尺　　寸：1. 横 83 厘米，纵 62 厘米
　　　　　2. 横 98 厘米，纵 70 厘米

"蝴蝶扑牡丹"打花铺盖

总登记号：00255

文物级别：三级

年　　代：现代

尺　　寸：横40厘米，纵99厘米

"九朵梅"打花铺盖

总登记号：00258

文物级别：三级

年　　代：现代

尺　　寸：横43厘米，纵122厘米

"狮子滚绣球"打花铺盖

总登记号：00254

文物级别：三级

年　　代：现代

尺　　寸：横42厘米，纵104.6厘米

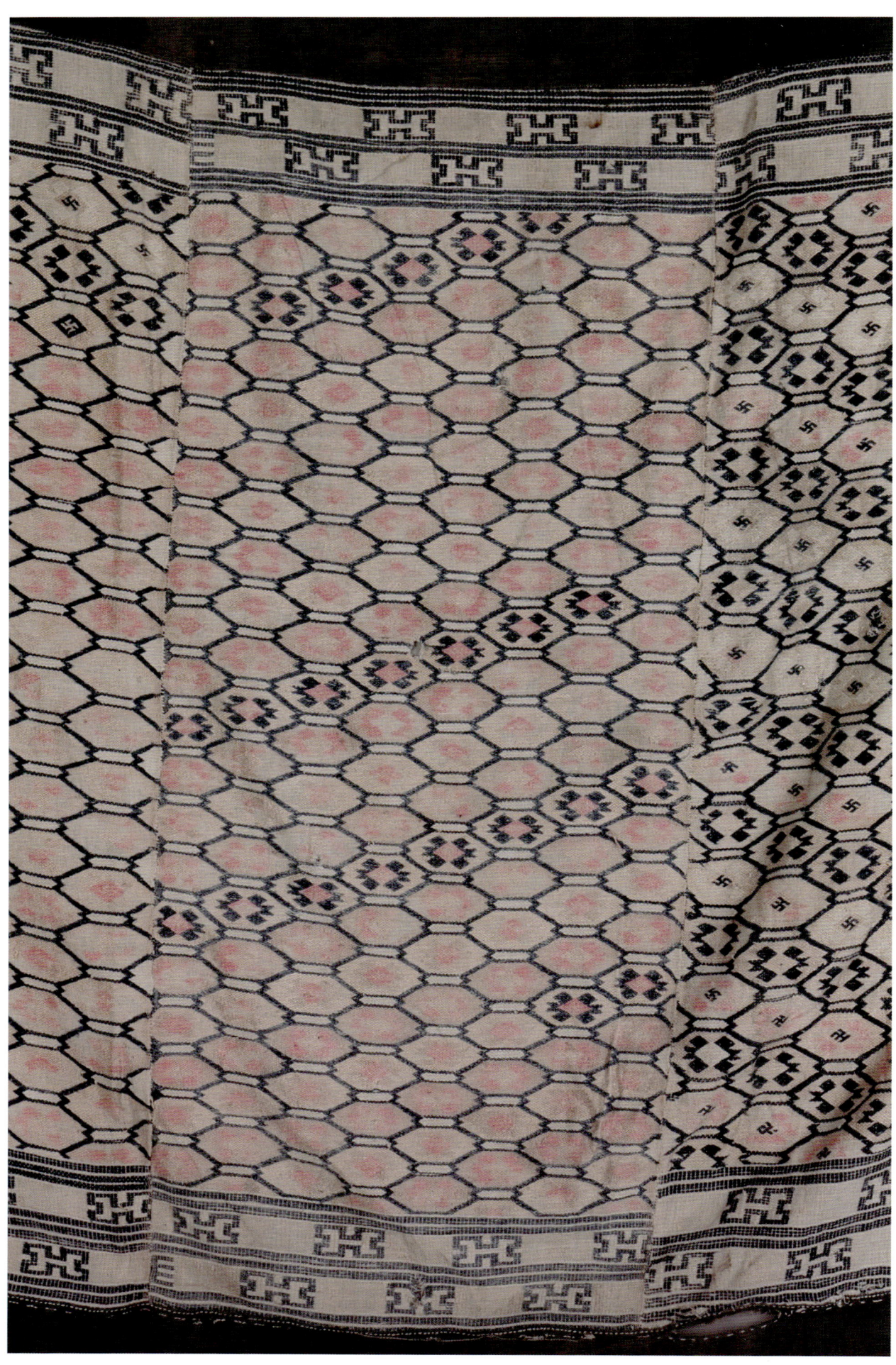

"田菊花"打花铺盖

总登记号：00260

文物级别：三级

年　　代：现代

尺　　寸：横 117 厘米，纵 164.5 厘米

"岩墙花"打花铺盖

总登记号：00256

文物级别：三级

年　　代：现代

尺　　寸：横37厘米，纵113厘米

"宴乐·狩猎水陆攻战图"打花铺盖

总登记号：00251

文物级别：三级

年　　代：现代

尺　　寸：横137厘米，纵147厘米

"鱼鸟同乐"打花铺盖

总登记号：00253

文物级别：三级

年　　代：现代

尺　　寸：横42厘米，纵104.5厘米

第五章 其他文物

新石器时代磨制石斧

总登记号：00050

文物级别：二级

年　　代：新石器时代

尺　　寸：通长 17.5 厘米，通宽 8.5 厘米，厚 1.5 厘米

新石器时代石斧

总登记号：00061

文物级别：三级

年　　代：新石器时代

尺　　寸：通长 14.5 厘米，通宽 7 厘米，厚 1.5 厘米

新石器时代石斧

总登记号：00239

文物级别：三级

年　　代：新石器时代

尺　　寸：通长 12 厘米，厚 2.2 厘米

新石器时代石锛

总登记号：00240

文物级别：三级

年　　代：新石器时代

尺　　寸：通长 8 厘米，厚 0.7 厘米

战国九眼琉璃珠

总登记号：00042

文物级别：二级

年　　代：战国时代（公元前475年—公元前221年）

尺　　寸：通高1.7厘米，外径2.3厘米，内径1厘米

战国墨绿色琉璃管

总登记号：00048

文物级别：二级

年　　代：战国时代（公元前475年—公元前221年）

尺　　寸：通高2厘米，口径0.8厘米

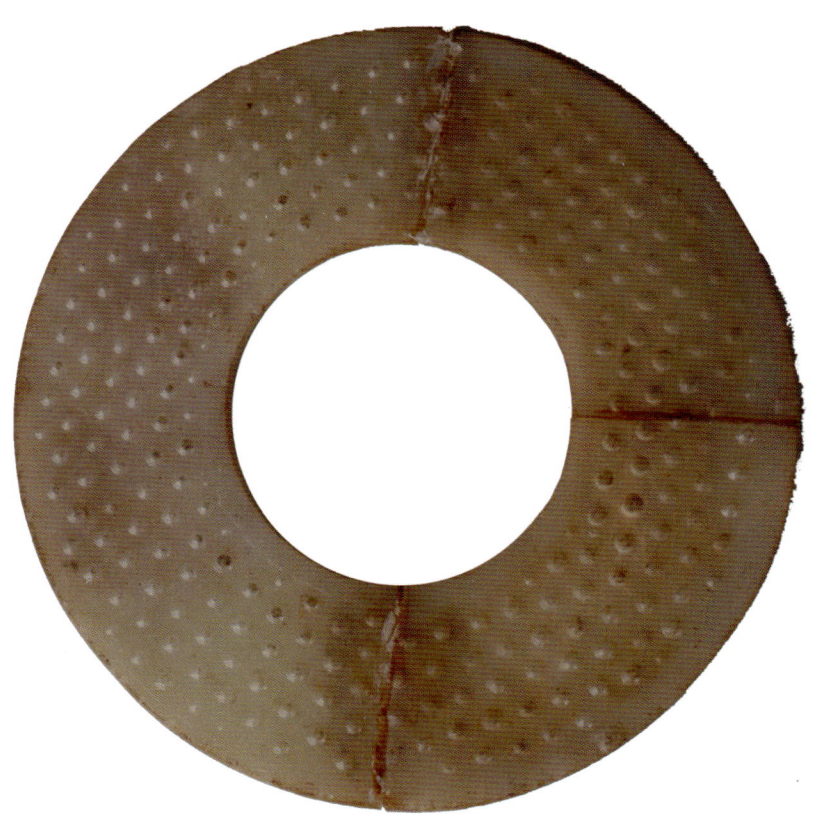

战国谷纹玻璃璧

总登记号：00055

文物级别：二级

年　　代：战国时代（公元前475年—公元前221年）

尺　　寸：外径9.1厘米，内径4厘米

秦"洞庭司马"封泥

总登记号：00136

文物级别：三级

年　　代：秦（公元前221年—公元前206年）

尺　　寸：残长2.3厘米，宽2厘米，厚1.2厘米

汉双环耳铁锅

总登记号：00003

文物级别：三级

年　　代：汉（公元前206年—公元220年）

尺　　寸：通高20厘米，口径30厘米

汉铁釜

总登记号：00060

文物级别：三级

年　　代：汉（公元前206年—公元220年）

尺　　寸：通高37厘米，口径37厘米，腹径55厘米

西汉菱形"五"字圈点纹滑石璧

总登记号：00010

文物级别：三级

年　　代：西汉（公元前206年—公元25年）

尺　　寸：直径25.7厘米，厚1厘米

清青花花卉纹瓷灯

总登记号：00249

文物级别：三级

年　　代：清（公元 1636 年—公元 1912 年）

尺　　寸：通高 27 厘米，口径 7 厘米，托径 22 厘米

清青花海水龙纹瓷香炉

总登记号：00051

文物级别：三级

年　　代：清（公元 1636 年—公元 1912 年）

尺　　寸：通高 17 厘米，口径 20 厘米

赵恒迪行书"矢志柏舟"木匾

总登记号：00132

文物级别：三级

年　　代：民国（公元1921年—公元1949年）

尺　　寸：通长250厘米，通宽81厘米

圆领对襟隔汉竹背心

总登记号：00069

文物级别：三级

年　　代：民国（公元1921年—公元1949年）

尺　　寸：衣长74厘米，肩宽41厘米，下摆130厘米

后记

里耶古城（秦简）博物馆于2010年10月28日开馆，由时任国家文物局局长单霁翔和时任湖南省委书记周强揭幕。十年来，里耶古城（秦简）博物馆从零开始，经历了"初生—摸索—成长—涅槃"的蜕变。2012年纳入第三批国家免费开放博物馆，2016年升格为正科级事业单位，2018年被评为国家二级博物馆。

里耶古城（秦简）博物馆不仅是秦文化资源的富集地，也是秦文化研究和宣传展示的重要平台之一；不仅吸引着国内外专家学者的关注，也是世界各地中国文化特别是秦文化的重要体验地。博物馆参观客流量从2010年的6万人/年增到了现在的40余万人/年客流量，成为社会各界体验秦文化的打卡地。

里耶古城（秦简）博物馆的建立，就是为了更好地保护、展示和研究这些国宝文物，让世人在发现里耶秦简等珍贵文物的地方，感受中华文明的丰富多彩，体味中华精神的博大厚重。10年来，在国家文物局、湖南省政府、湖南省文物局和湘西州人民政府、龙山县人民政府等各级政府部门和众多学术研究机构及专家学者的支持下，博物馆的各项工作得到了全面有序地推进。里博人深挖文物内涵、策展送展方面不遗余力，先后与中国国家博物馆、秦始皇帝陵博物院、山东省博物馆等联合承办了"小城故事""平天下"等展览。截止目前，举办了临时展览有20余次，先后与政府、高校联合建立了"湖南省廉政教育基地""中央民族大学研究生基地"等数十个基地。特别是2019年8月至10月，中华人民共和国成立70周年之际，在中国国家博物馆成功举办了"小城故事——湖南龙山里耶秦简文化展"（被评为中国国家博物馆2019年度十大优秀展览之一）。博物馆的建设发展取得了巨大进步和重要成果，为开展科学研究和进行学术交流提供了一定条件，为弘扬优秀的中华传统文化，宣传秦文化、里耶文化和土家族民俗民族文化搭建了一个文化平台。

在此，我们衷心感谢那些关心、支持博物馆建设和发展的机构单位及专家学者，特别是要感谢湖南省考古研究所所长郭伟民及研究员柴焕波和张春龙、湘西州文物局研究员龙京沙、荆州文物保护中心研究员方北松等为里耶秦简发掘整理、研究的专家学者，没有他们的辛勤劳作和智慧，里耶秦简就不会如此震撼世界。感谢中国国家博物馆王春法馆长，著名的人类学家、博物馆学家、上海大学教授、里耶古城（秦简）博物馆名誉馆长潘守永等为博物馆发展建设谋划施策的博物馆同仁和文化学者，没有他们的无私付出和支持，里耶博物馆就不会如此引人瞩目。

博物馆馆藏资源丰富，现有8055件（套）各类珍贵文物。在所有藏品中，里耶秦简蕴含了巨大的学术价值，文字记载生动地复活了秦王朝的历史，它不但是一本秦代的百科全书，更为我们了解秦代和少数民族地区的历史社会状况提供了一个百科全书式的实录。其价值可以和殷墟甲骨、敦煌文书相媲美，是进入21世纪以来我国最重大的考古发现！里耶秦简自一出土，就被文博界的专家、泰斗迅速定位"国家一级文物"，以此足以体现其蕴含的文化价值，是无比珍贵的。里耶古城（秦简）博物馆除了收藏秦简外，还收藏、展示当地出土的文物古迹和民俗文化，是集保管、研究、陈列秦简及自然、文化、艺术等方面实物和标本的博物馆。

为了很好地落实习近平总书记一系列关于文化遗产的重要讲话精神，落实国家一系列关于文物工作的政策精神，以及落实湘西州全域旅游规划要求；便于社会各界全面深入地了解里耶古城（秦简）博物馆，了解里耶秦简和里耶文化，我们特精选博物馆馆藏文物，汇编成册，力图通过这些文物向世人展现以里耶为中心的武陵山区在2000多年历史社会生活中的点点滴滴，展现民族文化优秀遗产，增强文化自信。因力量所限，编写过程难免存在一些不足，恳请方家指导。希望这批无价的宝藏能在新世纪发挥出无穷的力量，为当地的社会经济发展和扶贫脱贫服务。

编 者
2020年10月